SCHLANKE MAHLZEITEN

einfach & schnell

Rezepte für jeden Tag

precon
BCM DIÄT

Genussvoll und linienbewusst essen ist so einfach! Mit diesem Kochbuch präsentieren wir Ihnen mehr als 40 schnell zubereitete und pfiffige Rezeptideen für Ihren Alltag: Klassiker für jeden Tag sowie leichte Dip- und Dressing-Variationen für die Salat- und Grillsaison.

Das Kochbuch ist in drei Bereiche gegliedert: Im ersten Teil finden Sie Rezeptideen für Ihre Mischkost mit Fleisch, dann folgen Fischrezepte und im dritten Abschnitt kommen Fans der vegetarischen Küche auf ihre Kosten. Alle Rezepte sind für zwei Personen berechnet und können beliebig mengenmäßig angepasst werden.

Jedes Precon BCM Rezept kann mit gängigen Lebensmitteln zubereitet werden. Nach der Arbeit oder am Wochenende verlieren Sie daher nicht mehr Zeit beim Einkaufen Ihrer Zutaten, denn Sie erhalten in einem Supermarkt alles was Sie brauchen.

Tipps zu Zubereitungsvarianten, küchenpraktische Hinweise und Informationen zu ausgewählten Lebensmitteln runden das Kochbuch ab. Das Precon BCM Kochbuch soll Ihnen auch als kleine Anregung und als Leitfaden für eine leichte und moderne Küche gemäß den Empfehlungen der anerkannten Ernährungsfachgesellschaften dienen. Alle Rezepte sind nach den Regeln der Precon BCM Diät mit 500 bis 600 kcal zusammengestellt und bringen Ihnen Abwechslung bei der Zubereitung der täglichen Mahlzeit. Die Mischkost bildet die Basis der erfolgreichen Precon BCM Diät.

Wir wünschen Ihnen viel Spaß beim Ausprobieren und Nachkochen – und natürlich ganz viel Genuss.

Ihr Precon BCM Team

DELIKATE FLEISCHGERICHTE

URS – HOBBYKOCH UND GOLFSPIELER

Als Hobbykoch war mir eine Diät wichtig, bei der auch der Genuss nicht zu kurz kommt. Deshalb war die Precon BCM Diät mit dem 2+1 System – täglich zwei Precon BCM Mahlzeiten und ein Essen nach meinem Geschmack - für mich ideal. Und mit meinem Wunschgewicht mache ich nicht nur in der Küche, sondern auch auf dem Golfplatz wieder eine gute Figur.

ZUBEREITUNG

1. Die Zwiebel schälen, halbieren und in dünne Streifen schneiden. Den Apfel vierteln, vom Kerngehäuse befreien und in dünne Spalten schneiden. Die Aprikosen fein würfeln. Die Kartoffeln in kochendem Salzwasser garen.

2. Das Rapsöl in einer Pfanne erhitzen. Die Schweinemedaillons mit Salz und Pfeffer würzen und von beiden Seiten etwa 1 Minute anbraten. Das Fleisch aus der Pfanne nehmen, die Zwiebelstreifen hineingeben und braten bis sie leicht Farbe nehmen. Die Apfelspalten zugeben, mit dem Zucker bestreuen und karamellisieren lassen. Mit der Gemüsebrühe ablöschen. Die Aprikosenwürfel zugeben, den Senf unterrühren, die Sahne zugießen und aufkochen. Mit Salz und Pfeffer würzen.

3. Die angebratenen Schweinemedaillons in die Sauce geben und bei geringer Temperatur etwa 5 Minuten garziehen lassen. Die fertig gegarten Kartoffeln auf ein Sieb abgießen.

4. Die Schweinemedaillons mit der Sauce auf Tellern anrichten und mit den Kartoffeln servieren.

SCHWEINEFILET
IN APRIKOSEN-SENFSAUCE

TIPP:

Wenn Sie Kartoffeln der Sorte Drillinge verwenden, müssen Sie diese nicht schälen. Die dünne Schale kann man einfach mitessen.

ZUTATEN

Für 2 Personen:
1 mittelgroße Zwiebel
1 Apfel (z.B. Boskop)
60 g getrocknete Aprikosen
500 g kleine festkochende Kartoffeln der Sorte Drillinge
1 EL Rapsöl
4 Schweinefiletmedaillons à 50 g
1 TL Rohrzucker
100 ml Gemüsebrühe
1 EL grobkörnigen Senf
60 ml fettarme Kochsahne
Salz
Pfeffer, frisch gemahlen

Pro Person:
Energie: 598 kcal
Kohlenhydrate: 73,4 g
Fett: 17,9 g
Eiweiß: 31,5 g
Ballaststoffe: 12,8 g
BE: 6

Vorbereitungszeit:
10 Minuten

Garzeit:
20 Minuten

PENNE IN
ZITRONEN-RICOTTASAUCE
MIT SPECK

ZUBEREITUNG

1. Die Zwiebel und den Knoblauch schälen. Die Zwiebel halbieren und in feine Streifen schneiden, den Knoblauch fein hacken. Den Speck in feine Streifen schneiden. Das Olivenöl in einer Pfanne erhitzen, die Zwiebelstreifen und den gehackten Knoblauch darin glasig andünsten. Den Speck zugeben und kurz anbraten. Die Gemüsebrühe zugießen und aufkochen. Den Ricotta unterrühren und die Zitronenschale und den Zitronensaft zugeben. Mit Salz und Pfeffer würzen.

2. Die Penne nach Packungsangabe bissfest garen, auf ein Sieb abgießen und gut abtropfen lassen. In der Zwischenzeit die Basilikumblätter von den Zweigen zupfen.

3. Die gegarte Penne mit der Ricottasauce vermengen und die Basilikumblätter untermischen. In tiefen Tellern anrichten und sofort servieren.

ZUTATEN

Für 2 Personen:
1 rote Zwiebel
2 Knoblauchzehen
1 EL Olivenöl
2 Scheiben magerer Frühstücksspeck
100 ml Gemüsebrühe
120 g Ricotta
Abgeriebene Schale von ½ unbehandelter Zitrone
1 EL Zitronensaft, frisch gepresst
1 Bund Basilikum
200 g Penne rigate
Salz
Pfeffer, frisch gemahlen

Pro Person:
Energie: 563 kcal
Kohlenhydrate: 72,3 g
Fett: 20,4 g
Eiweiß: 20,9 g
Ballaststoffe: 8,3 g
BE: 6

Vorbereitungszeit:
10 Minuten

Garzeit:
20 Minuten

1. Die Zwiebel und die Knoblauchzehe schälen. Die Zwiebel in feine Streifen schneiden und den Knoblauch fein hacken. Die Chilischote entkernen und in feine Streifen schneiden. Die Kartoffeln schälen und in etwa 1 cm große Würfel schneiden.

2. Die Buschbohnen putzen, halbieren, in kochendem Salzwasser bissfest garen, auf ein Sieb abgießen und mit kaltem Wasser abspülen. Die Rinderhüfte in feine Streifen schneiden.

3. Das Olivenöl in einer großen Pfanne erhitzen. Die Zwiebelstreifen und den gehackten Knoblauch darin glasig andünsten. Die Rinderstreifen zugeben und anbraten. Mit etwas Salz würzen und mit dem Currypulver bestäuben. Die gewürfelten Tomaten und die Kokosmilch zugeben. Alles aufkochen, die Kartoffelwürfel und die Chilistreifen zugeben und bei mittlerer Temperatur köcheln bis die Kartoffeln weich sind. Die Bohnen zugeben und etwa 5 Minuten im Curry ziehen lassen.

4. In der Zwischenzeit den Basmatireis in kochendem Salzwasser garen.

5. Das Curry in Schalen anrichten und mit dem Basmatireis servieren.

KOKOS-RINDFLEISCH-CURRY

ZUTATEN

Für 2 Personen:
1 mittelgroße Zwiebel
1 Knoblauchzehe
½ grüne Chilischote
200 g festkochende Kartoffeln
100 g Buschbohnen
200 g magere Rinderhüfte
1 EL Olivenöl
1 EL Currypulver
200 g gewürfelte Tomaten, Konserve
60 ml Kokosmilch
150 g Basmatireis
Salz

Pro Person:
Energie: 603 kcal
Kohlenhydrate: 75,2 g
Fett: 20,4 g
Eiweiß: 29,2 g
Ballaststoffe: 8,9 g
BE: 6

Vorbereitungszeit:
15 Minuten

Garzeit:
30 Minuten

TIPP:
Für eine schnellere Zubereitung können auch tiefgekühlte grüne Bohnen verwendet werden.

PUTEN-KEBABSPIESSE
MIT GESCHMORTEN AUBERGINEN

TIPP:

*Für eine kalorien-
arme Zubereitung
können Sie die
Kebabspieße auch
in einer beschichte-
ten Grillpfanne
garen, dafür
benötigen Sie
kein Öl.*

ZUTATEN

Für 2 Personen:
2 Knoblauchzehen
1 Aubergine, etwa 350 g
300 g passierte Tomaten, Konserve
2 Thymianzweige
2 Frühlingszwiebeln
180 g Putenbrust
1 EL Eiweiß
½ TL Kreuzkümmel
½ TL Chilipulver
1 TL Paprikapulver
1 TL frischer Oregano, fein gehackt
Abgeriebene Schale von
½ unbehandelter Zitrone
1 EL Olivenöl
180 g Bulgur
2 Zitronenecken
Salz
Pfeffer, frisch gemahlen

ZUBEREITUNG

Den Backofen auf 180°C vorheizen.

1. Die Knoblauchzehen schälen und fein hacken. Die Aubergine in 0,5 cm dicke Scheiben schneiden und 5 Minuten in kochendes Salzwasser geben. Auf ein Sieb abgießen und abtropfen lassen. Die Auberginenscheiben in eine Auflaufform schichten. Die passierten Tomaten mit der Hälfte des Knoblauchs verrühren und mit Salz und Pfeffer würzen. Die Thymianzweige auf die Auberginen legen und die Tomatensoße darüber geben. Für 30 Minuten in den Ofen geben.

2. In der Zwischenzeit die Putenbrust mit dem Messer oder in der Küchenmaschine fein hacken und in eine Schüssel geben. Die Frühlingszwiebeln putzen, in feine Ringe schneiden. Die Frühlingszwiebelringe mit dem Eiweiß, den Gewürzen, dem Oregano, der Zitronenschale, dem übrigen Knoblauch und etwas Salz in die Schüssel geben und gut mit dem Putenfleisch vermengen. Das Fleisch länglich formen, auf zwei Holzspieße stecken und gut festdrücken.

3. Den Bulgur nach Packungsangabe zubereiten.

4. Das Olivenöl in einer Pfanne erhitzen und die Kebabspieße darin bei mittlerer Temperatur auf jeder Seite 5 Minuten braten.

5. Die Spieße mit dem Bulgur und den Zitronenecken auf Tellern anrichten und mit den geschmorten Auberginen servieren.

Pro Person:
Energie: 513 kcal
Kohlenhydrate: 69,8 g
Fett: 11,9 g
Eiweiß: 32,2 g
Ballaststoffe: 13,6 g
BE: 6

Vorbereitungszeit:
25 Minuten

Garzeit:
35 Minuten

ZUBEREITUNG

Den Backofen auf 180°C vorheizen.

1. Das Fleisch in etwa 2 cm große Würfel schneiden. Die Zwiebel und den Knoblauch schälen. Die Zwiebel fein würfeln und den Knoblauch fein hacken. Die Karotten schälen. Karotten, Zucchini und Staudensellerie in etwa 1 cm große Würfel schneiden. Die Champignons vierteln.

2. Das Rapsöl in einem großen ofenfesten Topf oder Bräter erhitzen. Das Fleisch mit Salz und Pfeffer würzen, in den Topf geben und von allen Seiten kräftig anbraten. Das Fleisch aus dem Topf nehmen, die Zwiebelwürfel und den gehackten Knoblauch hineingeben und andünsten. Mit dem Zucker bestreuen und karamellisieren. Mit dem Paprikapulver bestäuben, dann mit der Gemüsebrühe ablöschen und die Tomaten zugeben. Das angebratene Fleisch und die Kräuterzweige in den Topf geben, aufkochen und etwa 10 Minuten köcheln lassen.

3. Das geschnittene Gemüse und die Champignons zugeben, mit einem Deckel verschließen und für ca. 50 Minuten im Ofen garen bis das Fleisch weich ist. Nach 30 Minuten Garzeit die Kichererbsen zugeben und den Topf ohne Deckel zurück in Ofen schieben.

4. Die Vollkornnudeln nach Packungsangabe bissfest garen, auf einem Sieb abgießen und abtropfen lassen.

5. Das Geschmorte mit der gehackten Petersilie bestreuen und mit den Vollkornnudeln servieren.

ZUTATEN

Für 2 Personen:
200 g mageres Rindfleisch
1 mittelgroße Zwiebel
2 Knoblauchzehen
2 mittelgroße Karotten
1 Zucchini
2 Stangen Staudensellerie
100 g Champignons
1 EL Rapsöl
1 TL Rohrzucker
1 TL Paprikapulver
200 ml Gemüsebrühe
250 g gewürfelte Tomaten (Dose)
1 Zweig Thymian
1 Zweig Rosmarin
200 gegarte Kichererbsen (Dose)
200 g Vollkorn-Bandnudeln
2 EL Petersilie, gehackt
Salz
Pfeffer, frisch gemahlen

OFENGESCHMORTES VOM RIND

TIPP:
Für eine schnellere Zubereitung können Sie für dieses Gericht auch mageres Rinderhackfleisch verwenden. Dieses müssen Sie nur so lange schmoren bis das Gemüse weich ist.

Pro Person:
Energie: 573 kcal
Kohlenhydrate: 70,9 g
Fett: 18,1 g
Eiweiß: 31,3 g
Ballaststoffe: 18,3 g
BE: 5,5

Vorbereitungszeit:
15 Minuten

Garzeit:
60 Minuten

ZUTATEN

Für 2 Personen:
50 g magerer Frühstücksspeck
1 Knoblauchzehe
1 kleine Zwiebel
150 g Kräuterseitlinge oder andere Pilze
1 EL Olivenöl
150 ml Milch, 1,5% Fett
100 g tiefgekühlte Erbsen, aufgetaut
2 TL Speisestärke
2 EL Zitronensaft, frisch gepresst
200 g Linguine
2 EL Schnittlauch, fein geschnitten
1 EL Parmesan, frisch gerieben
Salz
Pfeffer, frisch gemahlen

LINGUINE
MIT KRÄUTERSEITLINGEN, ERBSEN UND SPECK

ZUBEREITUNG

1. Den Frühstücksspeck vom Fettrand befreien und in Streifen schneiden. Die Knoblauchzehe und die Zwiebel schälen. Die Knoblauchzehe fein hacken und die Zwiebel in feine Würfel schneiden. Die Kräuterseitlinge in dünne Scheiben schneiden.

2. Reichlich Salzwasser in einen Topf geben und zum Kochen bringen. Die Linguine darin nach Packungsangabe bißfest garen. In der Zwischenzeit das Olivenöl in eine Pfanne geben und erhitzen. Die Speckstreifen, den gehackten Knoblauch und die Zwiebelwürfel in die Pfanne geben und glasig andünsten. Die Kräuterseitlinge zugeben und bei mittlerer Temperatur anbraten bis sie Farbe nehmen.

3. Mit der Milch ablöschen, die Erbsen zugeben und aufkochen. Die Speisestärke mit dem Zitronensaft und 1 Esslöffel Wasser verrühren und in die kochende Milch einrühren. Etwa 2 Minuten unter Rühren kochen lassen. Mit Salz und Pfeffer abschmecken.

4. Die Linguine auf ein Sieb abgießen, gut abtropfen lassen und mit der Sauce vermengen. In tiefen Tellern anrichten, mit dem Schnittlauch und dem Parmesan bestreuen und servieren.

Pro Person:
Energie: 509 kcal
Kohlenhydrate: 79,3 g
Fett: 7,9 g
Eiweiß: 30,7 g
Ballaststoffe: 9 g
BE: 6,5

Vorbereitungszeit:
10 Minuten

Garzeit:
20 Minuten

TIPP:

Anstatt des Frühstücksspecks können Sie für dieses Pastagericht auch einen mageren Putenschinken oder geräucherten Tofu verwenden. Wenn gerade keine frischen Kräuterseitlinge auf dem Markt sind, können Sie die Nudeln auch mit frischen Champignons oder tiefgekühlten Pfifferlingen zubereiten.

HÄHNCHENKEULE
IN FEURIGER OLIVEN-TOMATENSOSSE

ZUTATEN

Für 2 Personen:
2 Stangen Staudensellerie
1 rote Paprika
1 rote Zwiebel
1 grüne Chilischote
80 g Champignons
2 Hähnchenoberkeulen à 100g, ohne Haut und Knochen
etwas Mehl zum Bestäuben
1 EL Olivenöl
1 Rosmarinzweig
250 ml Gemüsebrühe
1 EL Aceto Balsamico
200 ml gewürfelte Tomaten, Konserve
30 g Oliven, entsteint
150 g Reis
Salz
Pfeffer, frisch gemahlen

Pro Person:
Energie: 594 kcal
Kohlenhydrate: 72,7 g
Fett: 20,3 g
Eiweiß: 31,2 g
Ballaststoffe: 9,4 g
BE: 6

Vorbereitungszeit:
20 Minuten

Garzeit:
50 Minuten

ZUBEREITUNG

1. Den Staudensellerie in Scheiben schneiden. Die Paprika vierteln und von den weißen Häuten und Kernen befreien. Die Paprikaviertel in Streifen schneiden. Die Zwiebel schälen und ebenfalls in Streifen schneiden. Die Chilischote der Länge nach halbieren, entkernen und fein hacken. Die Champignons in Scheiben schneiden.

2. Die Hähnchenkeulen mit Salz und Pfeffer würzen und leicht mit Mehl bestäuben. Das Olivenöl in einer großen Pfanne erhitzen und die Keulen darin bei mittlerer Temperatur von beiden Seiten etwa 3 Minuten goldbraun anbraten. Das Hähnchen aus der Pfanne nehmen.

3. Das Gemüse, die Champignons und den Rosmarinzweig in die Pfanne geben, anbraten und mit Salz und Pfeffer würzen. Mit der Gemüsebrühe ablöschen, den Aceto Balsamico, die gewürfelten Tomaten zugeben und aufkochen. Die Oliven hacken und untermengen. Die Hähnchenkeulen zurück in die Pfanne geben und alles bei mittlerer Temperatur etwa 40 Minuten schmoren.

4. In der Zwischenzeit den Reis in kochendem Salzwasser bissfest garen, auf ein Sieb abgießen und abtropfen lassen.

5. Das geschmorte Hähnchen mit dem Gemüse und der Oliven-Tomatensauce auf Tellern anrichten und mit dem Reis servieren.

TIPP:

Als vegetarische Alternative können Sie für dieses Gericht auch Tofu anstelle des Hühnchens verwenden. Die Garzeit bleibt gleich.

1. Die Graupen in Salzwasser etwa 30-40 Minuten biss-fest garen und auf ein Sieb abgießen.

2. In der Zwischenzeit die Karotte und die Kartoffeln schälen und würfeln. Den Lauch putzen und in feine Ringe schneiden. Die Buschbohnen von den Stilansätzen befreien und in 2 cm große Stücke schneiden. Die Zwiebel schälen und fein würfeln.

3. Das Olivenöl in einem Topf erhitzen und die Zwiebel und den Lauch darin andünsten. Die Karottenwürfel, die Kartoffelwürfel und die Bohnen zugeben und mit der Gemüsebrühe ablöschen. Etwa 10 Minuten bei mittlerer Temperatur köcheln lassen. Die Gerstengraupen zugeben und mit Salz und Pfeffer würzen.

4. Das Bündnerfleisch in dünne Streifen schneiden und unter den Eintopf mengen.

5. Den Eintopf in tiefen Tellern anrichten und mit dem Schnittlauch bestreuen.

GERSTEN-KARTOFFELEINTOPF
MIT BÜNDNERFLEISCH

TIPP:

Als Variante können Sie dieses herzhafte Gericht auch mit Vollkornreis zubereiten. Anstatt des Bündnerfleisches können Sie auch einen mageren Rinderschinken verwenden.

ZUTATEN

Für 2 Personen:
200 g Gerstengraupen
1 kleine Karotte
90 g festkochende Kartoffeln
150 g Lauch
100 g Buschbohnen
1 mittelgroße rote Zwiebel
1 EL Olivenöl
500 ml Gemüsebrühe
50 g Bündnerfleisch
2 EL Schnittlauch, fein geschnitten
Salz
Pfeffer, frisch gemahlen

Pro Person:
Energie: 594 kcal
Kohlenhydrate: 84,7 g
Fett: 17,2 g
Eiweiß: 20,9 g
Ballaststoffe: 13,2 g
BE: 7

Vorbereitungszeit:
20 Minuten

Garzeit:
30-40 Minuten

ZUBEREITUNG

1. Das Schweinefilet in dünne Streifen schneiden. Die Knoblauchzehen und die Zwiebel schälen. Den Knoblauch fein hacken, die Zwiebel und den Kürbis in Streifen schneiden. Den Lauch in feine Ringe schneiden. Die Champignons feinblättrig schneiden.

2. Den Reis in einem Topf mit Salzwasser bissfest garen, auf ein Sieb abgießen, zurück in den Topf geben und warmhalten.

3. 1 TL Rapsöl in einer beschichteten Pfanne oder Wok erhitzen. Das Schweinefilet hineingeben und kräftig anbraten. Die Zwiebelstreifen sowie den gehackten Knoblauch zugeben und ebenfalls kurz anbraten. Mit dem Zucker bestreuen, karamellisieren lassen und mit der Sojasauce ablöschen. Köcheln lassen bis die Sojasauce dickflüssig eingekocht ist. Das Fleisch bei geringer Temperatur warm halten.

4. Das übrige Öl in einer weiteren Pfanne oder Wok erhitzen und den Kürbis darin kräftig anbraten. Den Lauch und die Champignons zugeben und ebenfalls anbraten. Mit der Gemüsebrühe ablöschen und etwa 5 Minuten köcheln lassen bis der Kürbis gar ist und die Flüssigkeit fast verkocht ist. Die Sprossen untermengen und erwärmen. Die Korianderblätter von den Zweigen zupfen und unter das Gemüse mischen.

5. Etwas asiatisches Gemüse auf Tellern anrichten und das Fleisch drauf verteilen. Mit dem übrigen Gemüse und dem Basmatireis servieren.

KARAMELLISIERTES
SCHWEINEFILET
MIT ASIATISCHEM GEMÜSE

TIPP:

Verwenden Sie Kürbis der Sorte Hokkaido, dieser hat eine besonders dünne und zarte Schale die man mitessen kann. Das erspart das mühsame Schälen.

ZUTATEN

Für 2 Personen:
150 g Schweinefilet
2 Knoblauchzehen
1 rote Zwiebel
2 TL Rapsöl
1 TL Rohrzucker
200 g Kürbis
200 g Lauch
80 g Champignons
3 EL Sojasauce
100 g Bambussprossen
100 g Sojasprossen
80 ml Gemüsebrühe
150 g Basmatireis
4 Zweige Koriander
Salz

Pro Person:
Energie: 559 kcal
Kohlenhydrate: 74 g
Fett: 14,3 g
Eiweiß: 31,8 g
Ballaststoffe: 8,7 g
BE: 6

Vorbereitungszeit:
15 Minuten

Garzeit:
20 Minuten

Für 2 Personen:
1 Fleischtomate
½ kleine Mango
1 rote Zwiebel
2 Frühlingszwiebeln
1 TL Rapsöl
100 ml Gemüsebrühe
1 TL Limettensaft,
frisch gepresst
1 EL Olivenöl
200 g Rinderfilet
160 g Vollkornreis
Salz
Pfeffer, frisch gemahlen

Pro Person:
Energie: 602 kcal
Kohlenhydrate: 73,9 g
Fett: 21,2 g
Eiweiß: 26,5 g
Ballaststoffe: 4,7 g
BE: 6

Vorbereitungszeit:
15 Minuten

Garzeit:
25 Minuten

TIPP:

Für die Zubereitung dieser fruchtigen Sauce eignet sich als Alternative zur Mango auch Ananas. Wer es gerne feurig mag, kann die Sauce mit frischer Chilischote würzen.

RINDERFILET
MIT TOMATEN UND MANGO

ZUBEREITUNG

Den Backofen auf 180 °C vorheizen.

1. Den Vollkornreis in kochendem Salzwasser bissfest garen.

2. Die Fleischtomate vierteln und die Kerne entfernen. Die entkernten Tomatenviertel in Würfel schneiden. Die Mango schälen und ebenfalls würfeln. Die Zwiebel schälen und in Streifen schneiden. Die Frühlingszwiebel putzen und in Ringe schneiden.

3. Das Rapsöl in einer beschichteten Pfanne erhitzen und die Zwiebelstreifen darin glasig andünsten. Die Mango- und die Tomatenwürfel zugeben und mit der Gemüsebrühe ablöschen. Etwa 5 Minuten leicht köcheln lassen. Mit dem Limettensaft, Salz und frisch gemahlenem Pfeffer abschmecken.

4. In der Zwischenzeit das Olivenöl in einer ofenfesten Pfanne erhitzen, das Rinderfilet darin bei mittlerer Temperatur von jeder Seite kräftig anbraten. In den vorgeheizten Ofen geben und etwa 5 Minuten garen. Aus dem Ofen nehmen, in Alufolie wickeln und etwa 5 Minuten ruhen lassen.

5. Die Tomaten-Mango-Sauce nochmal erhitzen, die Frühlingszwiebelringe zugeben und auf Tellern anrichten. Das Rinderfilet in Scheiben schneiden und auf die Sauce setzen. Mit dem Vollkornreis servieren.

TAGLIATELLE
MIT RINDFLEISCHSUGO

ZUBEREITUNG

1. Die Tagliatelle in kochendem Salzwasser nach Packungsangabe bissfest garen. Auf ein Sieb abgießen und gut abtropfen lassen.

2. In der Zwischenzeit die Zwiebel und den Knoblauch schälen. Die Zwiebel fein würfeln und den Knoblauch fein hacken. Die Karotte schälen und mit den Staudenselleriestangen in kleine Würfel schneiden. Die Chilischote entkernen und in feine Streifen schneiden. Die Oreganoblätter von den Zweigen zupfen.

3. Das Olivenöl in einer großen, beschichteten Pfanne erhitzen. Die Zwiebelwürfel, den gehackten Knoblauch, die Gemüsewürfel und die Chilistreifen in die Pfanne geben und anbraten. Das Hackfleisch zugeben und krümelig anbraten. Mit der Gemüsebrühe ablöschen und aufkochen. Die Oreganoblätter und die Tomatenwürfel zugeben und etwa 40 Minuten bei mittlerer Temperatur köcheln lassen, bis der Sugo von dickflüssiger Konsistenz ist. Mit Salz und Pfeffer würzen.

4. Die Tagliatelle in den Sugo geben und nochmals aufkochen. Sofort in tiefen Tellern anrichten, mit der Petersilie bestreuen und servieren.

TIPP:
Wenn es mal schnell gehen soll, bereiten Sie den Sugo mit weniger Flüssigkeit zu. Lassen sie die Tomaten auf einem Sieb abtropfen und rühren Sie anstatt der Gemüsebrühe einen TL gekörnte Gemüsebrühe unter. So kocht der Sugo schneller ein.

ZUTATEN

Für 2 Personen:
200 g Tagliatelle
1 mittelgroße Zwiebel
1 Knoblauchzehe
1 mittelgroße Karotte
2 Stangen Staudensellerie
½ rote Chilischote
2 Zweige Oregano
1 EL Olivenöl
150 g mageres Rinderhackfleisch
100 ml Gemüsebrühe
500 g gewürfelte Tomaten (Dose)
1 EL Petersilie, fein gehackt
Salz
Pfeffer, frisch gemahlen

Pro Person:
Energie: 599 kcal
Kohlenhydrate: 78,5 g
Fett: 17,2 g
Eiweiß: 31,3 g
Ballaststoffe: 10,7 g
BE: 6,5

Vorbereitungszeit:
15 Minuten

Garzeit:
50 Minuten

1. Die Putenbrust in dünne Streifen schneiden. Die Paprika-schote vierteln, die weißen Häute und die Kerne entfernen und die Paprikaviertel in dünne Streifen schneiden. Die Karotte schälen und in dünne Scheiben schneiden. Die Zwiebel schälen und in feine Streifen schneiden. Die Ananas würfeln. Den Ingwer schälen und fein hacken.

2. Den Basmatireis in Salzwasser bissfest garen.

3. In der Zwischenzeit ½ EL Rapsöl in einer beschichteten Pfanne erhitzen und das Fleisch darin rundherum goldbraun anbraten. Mit etwas Salz und Pfeffer würzen und aus der Pfanne nehmen. Das übrige Öl in die Pfanne geben und erhitzen.

4. Das Gemüse darin kräftig anbraten bis es leicht Farbe nimmt. Den Ingwer und die Ananas zugeben und kurz andünsten.

5. Das Fleisch wieder in die Pfanne geben und alles mit dem Orangensaft ablöschen. Den Ketchup, den Honig und den Essig zugeben und gut verrühren und etwa 5 Minuten kochen lassen.

6. Das süß-saure Putenfleisch auf Tellern anrichten, mit dem Schnittlauch bestreuen und mit dem Reis servieren.

SÜSS-SAURES-PUTENFLEISCH

ZUTATEN

Für 2 Personen:
180 g Putenbrust
1 rote Paprika
1 große Karotte
1 rote Zwiebel
150 g frische Ananas
30 g frischen Ingwer
1 EL Rapsöl
120 ml Orangensaft
50 g Tomatenketchup
1 EL Honig
1 EL milden Weißweinessig
100 g Basmatireis
1 EL Schnittlauch, fein geschnitten
Salz
Pfeffer, frisch gemahlen

Pro Person:
Energie: 524 kcal
Kohlenhydrate: 76,3 g
Fett: 11,8 g
Eiweiß: 25,4 g
Ballaststoffe: 7,9 g
BE: 6,5

Vorbereitungszeit:
25 Minuten

Garzeit:
20 Minuten

CHILI CON CARNE

Für 2 Personen:
1 große Zwiebel
2 Knoblauchzehen
300 g festkochende Kartoffeln
1 EL Olivenöl
130 g mageres Rinderhackfleisch
1 TL Kreuzkümmel, gemahlen
1 TL Paprikapulver
1 TL Chiliflocken
1 TL Rohrzucker
450 g passierte Tomaten (Tetra-Pack)
300 g Kidneybohnen (Konserve)
Abgeriebene Schale von
1 unbehandelter Limette
1 EL Limettensaft, frisch gepresst
4 Korianderzweige
Salz
2 Weizentortillas

Pro Person:
Energie: 563 kcal
Kohlenhydrate: 74,3 g
Fett: 15,2 g
Eiweiß: 30,4 g
Ballaststoffe: 15,8 g
BE: 6

Vorbereitungszeit:
10 Minuten

Garzeit:
30 Minuten

ZUBEREITUNG

1. Die Zwiebel und die Knoblauchzehen schälen. Die Zwiebel fein würfeln und den Knoblauch fein hacken. Die Kartoffeln schälen, in etwa 1 cm große Würfel schneiden.

2. Das Olivenöl in einem großen Topf erhitzen. Die Zwiebelwürfel und den Knoblauch darin glasig andünsten. Das Rinderhackfleisch zugeben und anbraten. Die Gewürze und den Zucker zugeben und kurz mitbraten.

3. Mit den passierten Tomaten ablöschen, die Kartoffeln zugeben und etwa 20 Minuten bei mittlerer Temperatur köcheln lassen. Die Kidneybohnen auf ein Sieb geben, mit warmem Wasser abspülen und in den Topf geben. Weitere 5 Minuten köcheln lassen.

4. In der Zwischenzeit die Tortillas in einer Pfanne ohne Fett von beiden Seiten kurz anbraten. Das Chili mit der Limettenschale, dem Limettensaft und etwas Salz abschmecken. In tiefen Tellern anrichten, mit den gezupften Korianderblätter bestreuen und mit den warmen Tortillas servieren.

TIPP:

Anstatt der einzelnen Gewürze können Sie auch eine fertige Gewürzmischung für Chili con carne verwenden. Garnieren Sie das Chili mit einem Esslöffel fettarmen Joghurts, das verleiht ihm eine frische Note. Wenn Sie anstelle des Rindfleisches fein gehackte Hähnchenbrust verwenden, wird aus dem Chili con carne ein ebenso schmackhaftes Chili con pollo.

PASTA-RINDFLEISCHSALAT
MIT KÜRBISKERNPESTO

ZUTATEN

Für 2 Personen:
200 g Vollkornpenne
1 rote Paprikaschote
100 g kleine braune Champignons
1 TL Rapsöl
100 g Rinderfilet
1 Bund Basilikum
1 Knoblauchzehe
1 EL Kürbiskerne
1 EL Olivenöl
40 ml Gemüsebrühe
1 TL Zitronensaft
Salz
Pfeffer, frisch gemahlen

ZUBEREITUNG

1. Die Vollkornnudeln in kochendem Salzwasser nach Packungsangabe bissfest garen. Auf ein Sieb abgießen, gut abtropfen lassen und in eine Schüssel geben.

2. Die Paprikaschote vierteln, entkernen und die weißen Häute entfernen. Die Paprikaviertel in 2 cm große Würfel schneiden. Die Champignons vierteln. Das Rapsöl in einer beschichteten Pfanne erhitzen und das Filetsteak darin von jeder Seite jeweils 3 Minuten rosa braten. Das Fleisch aus der Pfanne nehmen und in Alufolie wickeln. Die Paprikawürfel und die Champignons in die Pfanne geben und kurz anschwitzen.

3. Für das Kürbiskernpesto die Basilikumblätter von den Stielen zupfen. Die Knoblauchzehe schälen und fein hacken. Alles zusammen mit den Kürbiskernen in ein hohes Gefäß geben und mit dem Pürierstab mixen. Dabei nach und nach das Olivenöl, die Gemüsebrühe und den Zitronensaft zugießen. Das Pesto mit Salz und Pfeffer abschmecken.

4. Die Penne mit der Pesto, den Paprikawürfeln und den Champignons vermengen. Das Rinderfilet mit Salz und Pfeffer würzen und in feine Streifen schneiden.

5. Den Pastasalat auf tiefe Teller verteilen und die Filetstreifen darauf anrichten.

TIPP:
Für ein kräftiges Zitronenaroma geben Sie der Pesto noch etwas abgeriebene Schale von einer unbehandelten Zitrone bei.

Pro Person:
Energie: 605 kcal
Kohlenhydrate: 79,8 g
Fett: 17,5 g
Eiweiß: 29 g
Ballaststoffe: 18 g
BE: 6,5

Vorbereitungszeit:
15 Minuten

Garzeit:
20 Minuten

ZUBEREITUNG

1. Die asiatischen Eiernudeln nach Packungsanweisung garen.

2. Die Champignons in dünne Scheiben schneiden. Die Karotte schälen und in feine Streifen schneiden. Den Weißkohl und den geputzten Lauch ebenfalls in feine Streifen schneiden. Das Schweinefilet in dünne Scheiben schneiden.

3. Das Sesamöl in einem Wok oder einer Pfanne erhitzen. Die Gemüsestreifen und das Schweinefleisch darin kräftig anbraten. Mit dem Currypulver bestäuben. Die Champignons und die Sprossen zugeben und mit der Sojasauce und der Gemüsebrühe ablöschen.

4. Die abgetropften Asianudeln zugeben und etwa 2 Minuten unter ständigem Rühren köcheln lassen. Den gehackten Koriander untermengen, in Schalen anrichten und mit den Limettenecken servieren.

GEWOKTE ASIANUDELN
MIT SCHWEINEFILET

TIPP:
Der asiatische Geschmack lässt sich durch 1 EL würziger Austernsauce anstelle von Gemüsebrühe intensivieren. Wer möchte, kann auch 1 Knoblauchzehe mit anbraten.

ZUTATEN

Für 2 Personen:
200 g asiatische Eiernudeln
80 g Champignons
1 mittelgroße Karotte
100 g Weißkohl
200 g Lauch
150 g mageres Schweinefilet
1 EL Sesamöl
1 EL Sojasauce
50 ml Gemüsebrühe
80 g Sojasprossen
1 EL Koriandergrün, gehackt
1 TL Currypulver
2 Limettenecken

Pro Person:
Energie: 595 kcal
Kohlenhydrate: 79,1 g
Fett: 15,5 g
Eiweiß: 31,6 g
Ballaststoffe: 13,2 g
BE: 6,5

Vorbereitungszeit:
20 Minuten

Garzeit:
15 Minuten

FEINE FISCHGERICHTE

NICOLE – FAMILIENFRAU UND WELTENBUMMLERIN

Während meiner Precon BCM Diät kochte ich für mich und meine Familie nach den Rezepten von Precon. Sie zeigten mir, dass gesunde Ernährung nichts mit Verzicht und langweiligem Essen zu tun hat. Und das war für mich sehr wichtig, um nachhaltig und erfolgreich abzunehmen.

GEGRILLTER LACHS
MIT ANANAS

ZUTATEN

Für 2 Personen:
150 g frische Ananas,
geschält
1 rote Zwiebel
2 milde grüne Chilischoten
1 Knoblauchzehe
1 EL Olivenöl
1 TL frischer Ingwer,
fein gerieben
1 EL Honig
80 ml Gemüsebrühe
1 EL Limettensaft,
frisch gepresst
130 g Basmatireis
2 Lachsfilets à 150 g
1 EL Schnittlauch,
fein geschnitten
Etwas Öl zum Bestreichen
1 TL Currypulver
Salz
Pfeffer, frisch gemahlen

Pro Person:
Energie: 598 kcal
Kohlenhydrate: 70,1 g
Fett: 20,4 g
Eiweiß: 31,9 g
Ballaststoffe: 2,5 g
BE: 5,5

Vorbereitungszeit:
20 Minuten

Garzeit:
25 Minuten

ZUBEREITUNG

1. Die Ananas in etwa 1 cm große Würfel schneiden. Die Zwiebel schälen und in feine Streifen schneiden. Die Chilischote in feine Ringe schneiden. Die Knoblauchzehe schälen und fein hacken.

2. Das Olivenöl in einer Pfanne erhitzen, die Zwiebelstreifen und den gehackten Knoblauch darin andünsten. Die Chilis und die Ananas zugeben und ebenfalls etwas andünsten. Den Ingwer und den Honig in die Pfanne geben und mit der Gemüsebrühe und dem Limettensaft ablöschen. Etwa 5 Minuten bei mittlerer Temperatur köcheln lassen. Mit etwas Salz und Pfeffer würzen.

3. Den Reis nach Packungsangabe in kochendem Salzwasser garen, auf ein Sieb geben und abtropfen lassen.

4. Die Lachsfilets mit etwas Salz würzen, dünn mit Öl bepinseln und mit dem Currypulver bestäuben. In einer heißen Grillpfanne oder in einer beschichteten Pfanne von jeder Seite etwa 4 Minuten garen.

5. Die Lachsfilets auf Tellern anrichten, die Ananas-Chili-Sauce darüber geben und mit dem Schnittlauch bestreuen. Mit dem Reis servieren.

TIPP:
Zur Zubereitung der Sauce eignet sich auch Mango oder Papaya. Anstatt des Lachses kann auch Hähnchenbrust verwendet werden.

1. Den Reis in Salzwasser nach Packungsanleitung garen, auf ein Sieb abgießen und abtropfen lassen.

2. In der Zwischenzeit die Frühlingszwiebeln putzen und in 1 cm große Stücke schneiden. Vom Spargel die holzigen Enden abschneiden und die Stangen in etwa 3 cm lange dünne schräge Scheiben schneiden. Die Karotte schälen und ebenfalls in dünne Scheiben schneiden. Den Ingwer schälen und fein hacken. Die Garnelen in kleine Stücke schneiden.

3. Das Erdnussöl in einer großen beschichteten Pfanne oder einem Wok erhitzen. Die Karotten und den Spargel in die Pfanne geben und kräftig anbraten. Die Frühlingszwiebel, den Ingwer, das Zitronengras und die Garnelen zugeben, mit dem Gewürz bestäuben und ebenfalls anbraten. Mit der Gemüsebrühe ablöschen, die Erbsen zugeben, salzen und bei mittlerer Temperatur 5 Minuten köcheln lassen.

4. Die Blätter von den Korianderzweigen zupfen. Die Blätter und den noch warmen Reis in die Pfanne geben und mit den anderen Zutaten gut vermengen.

5. Auf Tellern oder in Schalen anrichten und mit den Limettenecken servieren.

Für 2 Personen:
160 g Jasmin- oder Basmatireis
2 Frühlingszwiebeln
400 g grüner Spargel
1 kleine Karotte
1 kleines Stück frischer Ingwer
200 g geschälte Garnelen, küchenfertig
1 EL Erdnussöl
1 EL fein geschnittenes Zitronengras
1 TL asiatische Gewürzmischung
100 ml Gemüsebrühe
100 g tiefgekühlte Erbsen, aufgetaut
4 Zweige Koriander
2 Limettenecken
Salz

ASIATISCHER GARNELENREIS

TIPP:

Grüner Spargel enthält Farbstoffe, denen eine antibakterielle und krebshemmende Wirkung zugeschrieben wird. Er enthält zudem mehr Vitamin C und Folsäure als weißer Spargel.

Pro Person:
Energie: 571 kcal
Kohlenhydrate: 76 g
Fett: 14 g
Eiweiß: 32,1 g
Ballaststoffe: 7,6 g
BE: 6

Vorbereitungszeit:
20 Minuten

Garzeit:
25 Minuten

FISCHBURGER
MIT ZITRONENREMOULADE

ZUBEREITUNG

1. Das Kabeljaufilet in eine Pfanne geben und leicht mit Wasser bedecken. Bei geringer Hitze etwa 8 Minuten gar ziehen lassen. Herausnehmen, auf einem Küchenpapier abtropfen lassen, in eine Schüssel geben und mit einer Gabel fein zerdrücken. Die Kartoffeln durch eine Kartoffelpresse drücken. Die Kartoffeln mit der Petersilie und dem Fischfilet kräftig vermengen und mit 1 EL Zitronensaft, Salz und Pfeffer abschmecken. 4 gleichgroße Frikadellen formen und mit etwas Mehl bestäuben.

2. Für die Remoulade die Essiggurke fein würfeln. Die Mayonnaise mit dem Magerquark und dem Senf verrühren. Die Essiggurke, den Dill, die Zitronenschale und –saft unterrühren und die Remoulade mit etwas Salz und Pfeffer abschmecken.

3. Das Olivenöl in einer beschichteten Pfanne erhitzen und die Fischfrikadellen darin von jeder Seite etwa 3 Minuten braten bis sie goldbraun sind.

4. Die Tomaten in jeweils 4 Scheiben schneiden. Die Vollkornbrötchen aufschneiden und die untere Hälfte mit etwas Zitronenremoulade bestreichen. Jeweils mit einem Salatblatt, zwei Tomatenscheiben sowie zwei Gurkenscheiben belegen und die Frikadellen daraufsetzen. Die übrige Remoulade auf den Frikadellen verteilen. Mit der oberen Brötchenhälfte bedecken und servieren.

TIPP:

Anstatt des Fisches können Sie diesen Burger auch mit fein gehacktem Hähnchenbrustfilet oder mit Putenbrust zubereiten. Hierzu das Fleisch nicht vorgaren, sondern roh mit den anderen Zutaten vermengen und dann braten.

ZUTATEN

Für 2 Personen:
150 g Kabeljaufilet, küchenfertig ohne Gräten
250 g Kartoffeln, geschält und gekocht
1 EL Petersilie, fein gehackt
1 EL Zitronensaft
etwas Mehl zum Bestäuben
1 EL leichte Salatmayonnaise (max. 50% Fett)
1 EL Magerquark
1 TL Senf
1 kleine Essiggurke
1 TL Dill, fein gehackt
½ TL abgeriebene Zitronenschale
1 TL Zitronensaft
2 kleine Tomaten
8 Scheiben Salatgurke
4 grüne Salatblätter
4 Vollkornbrötchen à 80 g
1 EL Olivenöl
Salz
Pfeffer, frisch gemahlen

Pro Person:
Energie: 558 kcal
Kohlenhydrate: 75,5 g
Fett: 14,7 g
Eiweiß: 29,4 g
Ballaststoffe: 16 g
BE: 6

Vorbereitungszeit:
15 Minuten

Garzeit:
20 Minuten

KRÄFTIGE DIPS

SCHARFER TOMATENDIP

1. Die Tomaten in kochendem Wasser brühen und die Haut abziehen. Die Tomaten vierteln und entkernen. Die Tomatenfilets dann in kleine Würfel schneiden und in eine Schüssel geben. Die getrocknete Tomate fein hacken und zugeben.

2. Die Schalotte und den Knoblauch schälen. Die Schalotte fein würfeln und den Knoblauch und die Oliven fein hacken. Die Basilikumblätter in feine Streifen schneiden. Alles mit dem Ajvar, dem Tomatenmark und der Gemüsebrühe zu den Tomaten geben und gut miteinander verrühren.

3. Mit Salz und einigen Chiliflocken würzen.

Für 2 Personen:
200 g Tomaten
2 getrocknete Tomaten
1 Schalotte
1 Knoblauchzehe
3 schwarze Oliven
6 Basilikumblätter
2 EL Ajvar*
1 EL Tomatenmark
2 EL Gemüsebrühe
Salz
Chiliflocken

Pro Person:
Energie: 87 kcal
Kohlenhydrate: 8,9 g
Fett: 4 g
Eiweiß: 2,9 g
Ballaststoffe: 0,9 g
BE: 0,5

*alternativ: Paprikamus

Diese Dips passen zu vielen Fleisch-, Kartoffel- oder Gemüsegerichten und schmecken auch lecker als herzhafter Brotaufstrich. Für die Zubereitung benötigen Sie maximal 15 Minuten.

QUARK-AVOCADODIP

1. Die Knoblauchzehe schälen, fein hacken und in eine Schüssel geben. Die Zwiebel schälen und fein würfeln. Das Fruchtfleisch der Avocado grob würfeln.

2. Die Avocadowürfel, die Limette, den Magerquark und die Gemüsebrühe in die Schüssel geben und alles mit dem Mixstab oder einer Gabel fein pürieren.

3. Die Zwiebelwürfel und den Schnittlauch untermengen und mit Salz und Pfeffer würzen.

JOGHURT-RADIESCHEN-DIP

1. Den Joghurt mit dem Magerquark in eine Schüssel geben und verrühren.

2. Die Radieschen in feine Würfel schneiden und mit den Kräutern in die Schüssel geben.

3. Den Dip mit dem Zitronensaft, dem Tabasco, Salz und Pfeffer würzen.

Für 2 Personen:
120 g Joghurt,
10% Fett
80 g Magerquark
6 Radieschen
1 EL Dill,
fein geschnitten
1 EL Petersilie,
fein gehackt
1 EL Zitronensaft
2 Spritzer Tabasco
Salz
Pfeffer, fein gemahlen

Pro Person:
Energie: 108 kcal
Kohlenhydrate: 4,8 g
Fett: 6,2 g
Eiweiß: 7,9 g
Ballaststoffe: 0,9 g
BE: 0,5

Für 2 Personen:
1 Knoblauchzehe
½ rote Zwiebel
1 kleine reife Avocado
Saft und Schale von
½ Limette
130 g Magerquark
2 EL Gemüsebrühe
1 EL Schnittlauch,
fein geschnitten
Salz
Pfeffer,
fein gemahlen

Pro Person:
Energie: 168 kcal
Kohlenhydrate: 4,9 g
Fett: 11,7 g
Eiweiß: 10,5 g
Ballaststoffe: 2,1 g
BE: 0,5

Den Backofen auf 200 °C vorheizen.

1. Die Schalotte schälen und fein würfeln. Den Lauch putzen, der Länge nach halbieren und in Streifen schneiden.

2. Den Vollkornreis nach Packungsangabe in kochendem Salzwasser garen, auf ein Sieb abgießen und abtropfen lassen.

3. In der Zwischenzeit 1/2 EL Olivenöl in einer Pfanne erhitzen. Die Schalottenwürfel und die Lauchstreifen darin andünsten und mit der Gemüsebrühe ablöschen. Etwa 5 Minuten bei mittlerer Temperatur köcheln lassen.

4. Die Kochsahne zugeben und aufkochen. Die Speisestärke mit 2 EL Wasser verrühren und die kochende Sauce damit binden. Die Temperatur auf ein Minimum reduzieren und den Schnittlauch untermengen. Die Schnittlauchsauce mit dem Zitronensaft, etwas Salz und Pfeffer abschmecken.

5. Die Strauchtomaten auf ein Blech setzen und in den vorgeheizten Ofen geben. Die Forellenfilets halbieren und mit Salz und Pfeffer würzen.

6. Das übrige Öl in einer beschichteten Pfanne erhitzen und die Forellenfilets zuerst auf der Hautseite 2 Minuten braten, drehen und weitere 3 Minuten braten.

7. Die Schnittlauchsauce auf Tellern anrichten, die Forellenfilets darauf setzen. Die Tomaten aus dem Ofen nehmen und ebenfalls auf den Tellern anrichten. Mit dem Vollkornreis servieren.

FORELLENFILETS
IN SCHNITTLAUCHSAUCE

TIPP:

Anstatt des Schnittlauchs können Sie auch Estragon verwenden, Estragon ist geschmacksintensiver und ergänzt sich wunderbar mit der Zugabe von 1 TL Senf.

ZUTATEN

Für 2 Personen:
1 Schalotte
200 g Lauch
160 g Vollkornreis
1 EL Olivenöl
250 ml Gemüsebrühe
50 ml Kochsahne, 10% Fett
1 TL Speisestärke
1 EL Schnittlauch, fein geschnitten
1 TL Zitronensaft
200 g Cocktail-Strauchtomaten
2 Forellenfilets à 100 g
Salz
Pfeffer, frisch gemahlen

Pro Person:
Energie: 599 kcal
Kohlenhydrate: 72,5 g
Fett: 19,8 g
Eiweiß: 31,3 g
Ballaststoffe: 6,3 g
BE: 6

Vorbereitungszeit:
15 Minuten

Garzeit:
30 Minuten

ZUBEREITUNG

Den Backofen auf 180 °C vorheizen.

1. Den Naturreis nach Packungsangabe in reichlich Salz - wasser garen.

2. In der Zwischenzeit die Bohnen putzen und in 2 cm lange Stücke schneiden. Den Spargel schälen und von den holzigen Enden befreien. Die Stangen in etwa 3 cm lange schräge Stücke schneiden. Die Kirschtomaten halbieren.

3. Die Gemüsebrühe aufkochen und die Bohnen und den Spargel darin bissfest garen. Die Tomaten und den Mais zugeben und vom Herd nehmen. Mit Salz und Pfeffer würzen.

4. Das Seeteufelfilet mit etwas Salz würzen und mit dem gestoßenen Pfeffer bestreuen. Das Olivenöl in einer Pfanne erhitzen und den Seeteufel darin rundherum anbraten. Für 6 Minuten in den vorgeheizten Backofen geben.

5. Das Gemüse erwärmen, den Limettensaft und die Basilikumblätter untermischen.

6. Das Gemüse mit dem Sud in tiefen Tellern anrichten. Das Seeteufelfilet in Scheiben schneiden und daraufsetzen. Mit dem Naturreis servieren.

ZUTATEN

Für 2 Personen:
180 g Naturreis
100 g grüne Bohnen
300 g Spargel
100 g Kirschtomaten
250 ml Gemüsebrühe
80 g Mais, Konserve
300 g Seeteufelfilet
1 EL Olivenöl
1 EL Limettensaft, frisch gepresst
10 Basilikumblätter
2 EL gestoßener Steakpfeffer
Salz
Pfeffer, frisch gemahlen

GEPFEFFERTER SEETEUFEL
MIT SPARGEL, BOHNEN UND MAIS

TIPP:

Der Seeteufel zählt mit weniger als zwei Prozent Fett zu den mageren Fischsorten. Sein Fleisch besitzt ein edles Aroma, ist frei von Gräten und lässt sich deshalb besonders gut essen.

Pro Person:
Energie: 595 kcal
Kohlenhydrate: 77,2 g
Fett: 15,8 g
Eiweiß: 34,4 g
Ballaststoffe: 7,3 g
BE: 6,5

Vorbereitungszeit:
25 Minuten

Garzeit:
40 Minuten

1. Die Spaghettini in kochendem Salzwasser nach Packungsangabe garen, auf ein Sieb abgießen.

2. In der Zwischenzeit die Frühlingszwiebeln putzen und in feine Ringe schneiden. Die Chilischote der Länge nach halbieren, Stiel und die Kerne entfernen und in feine Streifen schneiden. Die Knoblauchzehe schälen und fein hacken. Die Schale der Limette fein abreiben und den Saft der Limette auspressen.

3. Das Olivenöl in einer großen Pfanne erhitzen und die Frühlingszwiebel, die Chili und den Knoblauch darin andünsten. Den Limettensaft, die Limettenschale und das gut abgetropfte Krebsfleisch zugeben und gut miteinander vermengen. Mit einer Prise Zucker, Salz und Pfeffer würzen.

4. Die Spaghetti und die gehackte Petersilie in die Pfanne geben und alles gut miteinander vermischen.

Für 2 Personen:
200 g Spaghettini
4 Frühlingszwiebeln
1 kleine rote Chilischote
1 Knoblauchzehe
1 Bio-Limette
1 EL Olivenöl
200 g Krebsfleisch,
Konserve abgetropft
2 EL Petersilie, fein gehackt
1 Prise Zucker
Salz
Pfeffer, frisch gemahlen

SPAGHETTINI
MIT KREBSFLEISCH

Pro Person:
Energie: 588 kcal
Kohlenhydrate: 72,5 g
Fett: 19,7 g
Eiweiß: 28,5 g
Ballaststoffe: 5,8 g
BE: 6

Vorbereitungszeit:
15 Minuten

Garzeit:
20 Minuten

TIPP:

Anstatt des Krebsfleisches können Sie für dieses Nudelgericht auch frische Krabben, Shrimps oder gehackte Riesengarnelen verwenden. Diese dann zusammen mit den Frühlingszwiebeln kurz andünsten.

ZUTATEN

Für 2 Personen:
500 g grüner Spargel
2 kleine (Blut-)Orangen
1 Schalotte
130 g Reis
30 g Semmelbrösel
1 EL Butter
1 EL körniger Senf
1 EL Schnittlauch, fein geschnitten
1 EL Petersilie, fein gehackt
1 EL Kerbel, fein geschnitten
Einige Spritzer Zitronensaft
2 Seelachsfilets à 100 g
½ EL Olivenöl
120 ml Gemüsebrühe
1 TL Speisestärke
1 EL Schmand
Salz
Pfeffer, frisch gemahlen

SEELACHSFILET
MIT ORANGEN-SPARGEL

ZUBEREITUNG

Den Backofen auf 180 °C vorheizen.

1. Die holzigen Enden des Spargels entfernen und die Stangen in etwa 3 cm große Stücke schneiden. In kochendem Salzwasser bissfest garen, auf ein Sieb abgießen, mit kaltem Wasser abkühlen und abtropfen lassen.

2. Die Orangen schälen, dabei auch die weiße Haut entfernen. Die Orangenfilets zwischen den Trennhäuten herausschneiden, dabei den abtropfenden Saft in einer Schüssel auffangen.

3. Die Schalotte schälen und in feine Streifen schneiden.

4. Den Reis nach Packungsangabe in kochendem Salzwasser garen und auf ein Sieb abgießen.

5. Die Semmelbrösel mit der Butter, dem Senf, den Kräutern und etwas Salz und Pfeffer vermengen. Die Fischfilets mit etwas Zitrone beträufeln und mit Salz würzen. Die Kräuterkruste darauf verteilen und auf ein mit Backpapier belegtes Ofenblech setzen. Für etwa 10 Minuten in den vorgeheizten Ofen geben.

6. In der Zwischenzeit das Olivenöl in einem Topf erhitzen und die Schalotten-streifen darin leicht anbraten. Mit der Gemüsebrühe ablöschen, den aufgefangenen Orangensaft zugeben und aufkochen. Die Speisestärke mit einem Esslöffel Wasser verrühren und die kochende Flüssigkeit damit binden. Den Schmand un-terrühren, den Spargel sowie die Orangenfilets zugeben und erwärmen. Mit Salz und Pfeffer würzen.

7. Den Orangen-Spargel auf Tellern anrichten, die Fischfilets darauf setzen und mit dem Reis servieren.

Pro Person:
Energie: 584 kcal
Kohlenhydrate: 72,7 g
Fett: 16,6 g
Eiweiß: 33,2 g
Ballaststoffe: 7,3 g
BE: 6

Vorbereitungszeit:
25 Minuten

Garzeit:
20 Minuten

Den Backofen auf 180 °C vorheizen.

1. Die Paprikaschote vierteln, Stil und Kerne entfernen und die Paprikaviertel in mundgerechte Stücke schneiden. Die Zucchini in etwa 1 cm dicke Scheiben schneiden. Die Austernpilze je nach Größe halbieren oder vierteln. Die Kirschtomaten halbieren. Die Zwiebel schälen und fein würfeln. Die Knoblauchzehe schälen und fein hacken

2. ½ EL Olivenöl in einem Topf erhitzen und die Zwiebelwürfel darin glasig andünsten. Die halbierten Kirschtomaten und den Reis zugeben und ebenfalls kurz andünsten. Mit 300 ml Wasser ablöschen, etwas Salz zugeben und bei milder Temperatur langsam köcheln lassen bis der Reis die Flüssigkeit komplett aufgenommen hat, dabei gelegentlich umrühren.

3. Das übrige Olivenöl in einer Grillpfanne erhitzen, das Gemüse und die Austernpilze mit dem Thymian hineingeben. So lange grillen bis das Gemüse gar aber noch knackig ist. Mit Salz und Pfeffer würzen.

4. In der Zwischenzeit die Sardinenfilets aufklappen und mit etwas Zitronensaft beträufeln. Die Semmelbrösel mit der gehackten Knoblauchzehe und 1 EL gehackter Petersilie vermengen. Die Filets auf einem mit Backpapier belegten Backblech ausbreiten und mit den Bröseln bestreuen. Für etwa 10 Minuten im Ofen goldbraun überbacken.

5. Das Gemüse auf Tellern anrichten, die überbackenen Sardinen darauf setzen und mit dem Tomatenreis servieren.

ÜBERBACKENE
SARDINEN
MIT TOMATENREIS UND GRILLGEMÜSE

TIPP:
Wenn Sie keine Grillpfanne zur Hand haben, können Sie das Gemüse auch in einer Bratpfanne zubereiten oder im Sommer auf den Grill legen.

ZUTATEN

Für 2 Personen:
1 rote Paprikaschote
1 mittelgroße Zucchini
100 g Austernpilze*
4 Zweige Thymian
150 g Kirschtomaten
1 mittelgroße Zwiebel
1 Knoblauchzehe
1,5 EL Olivenöl
150 g Reis
120 g frische kleine Sardinendoppelfilets
Einige Spritzer Zitronensaft
2 EL Semmelbrösel
1 EL Petersilie, fein gehackt
Salz
Pfeffer, frisch gemahlen

*alternativ: Champignons

Pro Person:
Energie: 553 kcal
Kohlenhydrate: 74,5 g
Fett: 18,5 g
Eiweiß: 20,5 g
Ballaststoffe: 6,9 g
BE: 6

Vorbereitungszeit:
25 Minuten

Garzeit:
20 Minuten

1. Die Spaghetti in kochendem Salzwasser nach Packungsangabe bissfest garen. Auf ein Sieb abgießen und abtropfen lassen.

2. In der Zwischenzeit die Knoblauchzehen schälen und feinhacken. Die Chillischote von den Kernen und dem Stil befreien und in feine Streifen schneiden.

3. Das Olivenöl in einer großen Pfanne erhitzen und den Knoblauch und die Chili darin andünsten. Die Tomaten zugeben und bei schwacher Temperatur etwa 10 Minuten leicht köcheln lassen.

4. Die Kapern, die Sardellenfilets und die Oliven grob hacken, unter die Sauce rühren und weitere 5 Minuten köcheln lassen. Die Petersilie unterrühren und die Sauce mit etwas frisch gemahlenem Pfeffer abschmecken. Die abgetropften Spaghetti unter die Sauce mengen, in Pastatellern anrichten und servieren.

SPAGHETTI ALLA PUTTANESCA

ZUTATEN

Für 2 Personen:
200 g Spaghetti
2 Knoblauchzehen
1 kleine rote Chilischote
1 EL Olivenöl
400 g gehackte Tomaten (Konserve)
½ EL Kapern
4 Sardellenfilets
4 schwarze Oliven, entsteint
2 EL Petersilie, fein gehackt
Salz
Pfeffer, frisch gemahlen

Pro Person:
Energie: 540 kcal
Kohlenhydrate: 74,5 g
Fett: 19,5 g
Eiweiß: 15,6 g
Ballaststoffe: 7,3 g
BE: 6

Vorbereitungszeit:
15 Minuten

Garzeit:
20 Minuten

TIPP:

Vorsicht mit der frischen Chilischote! Diese sind je nach Sorte und Herkunft unterschiedlich scharf - am Besten vorher die Schärfe testen. Anstatt der frischen Chilischote können Sie auch getrocknete Chiliflocken verwenden. Die konservierten Tomaten können auch durch frische Tomaten ersetzt werden, dann muss die Sauce etwas länger köcheln.

1. Die Kartoffeln schälen, in etwa 2 cm große Würfel schneiden und in kochendem Salzwasser bissfest garen. Auf ein Sieb abgießen und abtropfen lassen. In der Zwischenzeit die Rote Bete ebenfalls in 2 cm große Würfel schneiden. Die Zwiebel schälen und in dünne Streifen schneiden.

2. ½ EL Olivenöl in einem Topf erhitzen, die Zwiebel darin glasig andünsten und mit der Gemüsebrühe ablöschen. Die Kartoffeln und die Rote Bete zugeben und etwa 5 Minuten bei mittlerer Temperatur köcheln lassen. Den Schmand unterrühren. Die Kräuter zugeben und mit Salz und Pfeffer abschmecken.

3. Das übrige Olivenöl in einer beschichteten Pfanne erhitzen. Die Zanderfilets mit etwas Zitronensaft beträufeln und mit Salz und Pfeffer würzen. In die Pfanne geben und bei mittlerer Temperatur von jeder Seite etwa 3 Minuten goldbraun anbraten.

4. Etwas vom heißen Rote Bete-Kartoffelragout auf Tellern anrichten und die Zanderfilets darauf setzen. Mit dem übrigen Ragout servieren.

ZANDERFILET
AUF ROTE BETE-KARTOFFELRAGOUT

TIPP:

Anstelle des Zanders eignet sich Tofu für die Zubereitung einer vegetarischen Variante von diesem Gericht.

ZUTATEN

Für 2 Personen:
800 g festkochende Kartoffeln
250 g Rote Bete, gegart und geschält
1 kleine Zwiebel
1 EL Olivenöl
150 ml Gemüsebrühe
2 Zanderfilets à 120 g
Einige Spritzer Zitronensaft
80 g Schmand, 20% Fett
1 EL Schnittlauch, fein geschnitten
1 EL Dill, fein geschnitten
Salz
Pfeffer, frisch gemahlen

Pro Person:
Energie: 600 kcal
Kohlenhydrate: 71,3 g
Fett: 18,3 g
Eiweiß: 32,9 g
Ballaststoffe: 13,9 g
BE: 6

Vorbereitungszeit:
20 Minuten

Garzeit:
20 Minuten

KÖSTLICHE
VEGETARISCHE GERICHTE

ADRIANA – PASTA-LIEBHABERIN UND SCHLANKE MAMA

Meine Familie und ich lieben Pasta und italienisches Essen. Dies hat sich leider über die Jahre und mit zwei Schwangerschaften auf der Hüfte gezeigt. Mit Hilfe der Precon BCM Diät habe ich zu meinem Wohlfühlgewicht zurück gefunden. Heute bin ich sehr stolz, eine schlanke Mama zu sein.

Den Ofen auf 180 °C vorheizen.

1. Die Kartoffeln schälen und in etwa 1 cm große Würfel schneiden.

2. Die Milch mit der Gemüsebrühe zum Kochen bringen, die Kartoffelwürfel und die Magronen darin bei mittlerer Temperatur etwa 10 bis 15 Minuten köcheln lassen bis sie bissfest sind. Häufig umrühren. Mit etwas frisch gemahlenem Pfeffer und Muskatnuss würzen.

3. In der Zwischenzeit die Zwiebel schälen und in feine Ringe schneiden. Den Knoblauch schälen und fein hacken. Das Öl in einer beschichteten Pfanne erhitzen und die Zwiebelringe darin anbraten bis sie leicht Farbe nehmen. Den gehackten Knoblauch zugeben und kurz andünsten.

4. Die Hälfte des Käses unter die Kartoffel-Magronen-Mischung mengen und in eine Auflaufform geben. Die Zwiebel-Knoblauchmischung darüber verteilen und mit dem übrigen Käse bestreuen. Für etwa 15 Minuten im Ofen goldbraun überbacken.

5. Die Älplermagronen aus dem Ofen nehmen, auf Tellern anrichten, mit der Petersilie bestreuen und servieren.

ÄLPLERMAGRONEN

TIPP:

Die Älplermagronen können auch ohne Milch zubereitet werden. Dafür den Milchanteil einfach durch Gemüsebrühe ersetzen. Das spart Kalorien und ist nicht weniger lecker.

ZUTATEN

Für 2 Personen:
250 g festkochende Kartoffeln
300 ml Milch, 1,5% Fett
300 ml kräftige Gemüsebrühe
150 g Magronen bzw. kurze
Röhrchennudeln
1 große Zwiebel
1 Knoblauchzehe
1 EL Rapsöl
80 g Alpkäse, gerieben
1 EL Petersilie, fein gehackt
Pfeffer, frisch gemahlen
Muskatnuss, frisch gemahlen

Pro Person:
Energie: 595 kcal
Kohlenhydrate: 77,8 g
Fett: 19,9 g
Eiweiß: 25,2 g
Ballaststoffe: 8,4 g
BE: 6,5

Vorbereitungszeit:
15 Minuten

Garzeit:
30 Minuten

Für 2 Personen:
200 g Farfalle
300 g grüner Spargel
100 g Zucchini
1 Stange Staudensellerie
1 EL Olivenöl
50 ml Gemüsebrühe
80 g Saure Sahne oder Kochsahne, 10 % Fett
100 g grüne Erbsen, tiefgekühlt
½ Bund Kerbel, fein geschnitten
1 EL Schnittlauch, fein geschnitten
1 EL Petersilie, fein gehackt
1 EL Parmesan, frisch gerieben
Salz
Pfeffer, frisch gemahlen

Pro Person:
Energie: 597 kcal
Kohlenhydrate: 80,5 g
Fett: 18,7 g
Eiweiß: 24,5 g
Ballaststoffe: 11,4 g
BE: 6,5

Vorbereitungszeit:
20 Minuten

Garzeit:
25 Minuten

FARFALLE
MIT GRÜNEM GEMÜSE

ZUBEREITUNG

1. Die Farfalle in kochendem Salzwasser nach Packungsangabe bissfest garen. Auf ein Sieb abgießen und abtropfen lassen.

2. In der Zwischenzeit vom grünen Spargel die holzigen Enden entfernen und die Stangen schräg in etwa 3 cm große Stücke schneiden. Die Zucchini und den Sellerie putzen und in dünne Scheiben schneiden.

3. Das Olivenöl in einer Pfanne erhitzen, das Gemüse hineingeben und kurz anbraten. Mit der Gemüsebrühe ablöschen, pfeffern, salzen und bei mittlerer Temperatur köcheln lassen bis die Flüssigkeit fast verkocht ist. Die Saure Sahne unterrühren. Die Erbsen und die noch warmen Farfalle zugeben und alles miteinander vermengen. Nochmals 3 Minuten köcheln lassen und dann die Kräuter untermengen.

4. Die Pasta in tiefen Tellern anrichten, mit dem Parmesan bestreuen und servieren.

TIPP:
Zur Pilzsaison lässt sich dieses Gericht prima mit einigen frischen Pfifferlingen oder Morcheln ergänzen. Wer es gerne zitronig-frisch mag, gibt etwas geriebene Zitronenschale zu.

WÜRZIGER
LINSEN-TOMATENSALAT

ZUBEREITUNG

1. 500 ml Gemüsebrühe mit den Linsen, den Thymianzweigen und dem Lorbeerblatt in einen Topf geben, aufkochen und bei mittlerer Temperatur köcheln lassen bis die Linsen weich sind. Eventuell noch etwas Wasser nachgießen. Auf ein Sieb geben und abtropfen lassen. Die Thymianstiele und das Lorbeerblatt entfernen.

2. In der Zwischenzeit die Kartoffeln schälen und in 1 cm große Würfel schneiden. Die Zwiebel und die Karotten schälen und fein würfeln. Den Staudensellerie putzen und in dünne Scheiben schneiden. Die Kartoffelwürfel in kochendem Salzwasser etwa 7 Minuten garen. Die Karottenwürfel und die Selleriescheiben zugeben und weitere 3 Minuten garen. Alles auf ein Sieb abgießen, mit kaltem Wasser abspülen und abtropfen lassen.

3. Die Kirschtomaten halbieren und mit den Zwiebelwürfeln, den Kartoffeln und dem Gemüse in eine große Schüssel geben. Die lauwarmen Linsen untermengen und mit dem Olivenöl und dem Balsamico-Essig marinieren. Mit Salz und frisch gemahlenem Pfeffer abschmecken und die Kräuter untermischen.

4. Den Salat auf Tellern oder in Schalen anrichten und lauwarm servieren.

ZUTATEN

Für 2 Personen:
500 ml kräftige Gemüsebrühe
150 g Linsen (Berglinsen oder Pardinalinsen)
2 Zweige Thymian
1 Lorbeerblatt
300 g festkochende Kartoffeln
1 kleine Zwiebel
100 g Karotten
1 Stange Staudensellerie
200 g Kirschtomaten
1,5 EL Olivenöl
2 EL Balsamico-Essig
1 EL Schnittlauch, fein geschnitten
1 EL Petersilie, fein gehackt
Salz
Pfeffer, frisch gemahlen

Pro Person:
Energie: 570 kcal
Kohlenhydrate: 69,8 g
Fett: 20,4 g
Eiweiß: 25,3 g
Ballaststoffe: 18,6 g
BE: 6

Vorbereitungszeit:
25 Minuten

Garzeit:
20 Minuten

FEINE SALATDRESSINGS

Ob zu bunten Blatt- oder Gemüsesalaten, Eierspeisen, oder raffiniert zu Fleisch- und Fischsalaten – diese Dressings passen immer. Sie sind innerhalb von 15 Minuten zubereitet.

APFEL-SENF DRESSING

1. Den Apfel vom Kerngehäuse befreien und in kleine Würfel schneiden.

2. Apfelessig, Gemüsebrühe, Olivenöl und Honig in eine Schüssel geben und kräftig miteinander verrühren.

3. Mit Salz und Pfeffer abschmecken und die Apfelwürfel sowie den Schnittlauch untermengen.

Für 2 Personen:
½ kleiner säuerlicher Apfel
1 EL Apfelessig
50 ml klare Gemüsebrühe
1 EL Olivenöl
1 TL Honig
2 EL Schnittlauch, fein geschnitten
Salz
Pfeffer, frisch gemahlen

Pro Person:
Energie: 132 kcal
Kohlenhydrate: 9,2 g
Fett: 10,5 g
Eiweiß: 0,2 g
Ballaststoffe: 1,1 g
BE: 1

JOGHURTDRESSING MIT MINZE

1. Den Joghurt mit der Gemüsebrühe und dem Olivenöl in eine Schüssel geben und gut miteinander verrühren.

2. Die Knoblauchzehe und die Schalotte schälen. Die Knoblauchzehe fein hacken und die Schalotte fein würfeln. Die Minzeblätter in feine Streifen schneiden.

3. Alles in die Schüssel geben und mit dem Limettensaft, dem Zucker, Salz und Pfeffer abschmecken.

Für 2 Personen:
100 g Joghurt, 10% Fett
40 ml klare Gemüsebrühe
1 EL Olivenöl
1 Knoblauchzehe
1 Schalotte
5 Minzeblätter
1 EL Limettensaft
½ TL Zucker,
Salz, Pfeffer

Pro Person:
Energie: 169 kcal
Kohlenhydrate: 6,1 g
Fett: 15,2 g
Eiweiß: 1,9 g
Ballaststoffe: 0,5 g
BE: 0,5

FRANKFURTER GRÜNE SAUCE

1. Die Kräuterblätter von den Stielen zupfen und fein hacken. Das Ei ebenfalls fein hacken.

2. Den Joghurt, die Milch, den Zitronensaft, den Zucker und den Senf in eine Schüssel geben und verrühren.

3. Mit Salz und Pfeffer abschmecken und die Kräuter und das Ei untermengen.

Für 2 Personen:
½ Bund Kräuter für
Frankfurter Grüne Sauce
½ hartgekochtes Ei
100 g Joghurt, 10 % Fett
80 ml Milch, 1,5 % Fett
1 EL Zitronensaft
1 Prise Zucker
1 TL Senf
Salz
Pfeffer, frisch gemahlen

Pro Person:
Energie: 128 kcal
Kohlenhydrate: 8,7 g
Fett: 7,1 g
Eiweiß: 6,9 g
Ballaststoffe: 1,7 g
BE: 1

1. Den Reis in kochendem Salzwasser nach Packungsanleitung garen, auf ein Sieb abgießen, kalt abspülen und abtropfen lassen. In der Zwischenzeit die Knoblauchzehe, die Zwiebel, die Petersilienwurzel und die Karotte schälen. Den Lauch putzen. Die Knoblauchzehe fein hacken und das Gemüse in feine Streifen schneiden.

2. Das Sesamöl in einer beschichteten Pfanne erhitzen. Den Knoblauch, die Zwiebelstreifen und den Ingwer darin andünsten. Die Gemüsestreifen zugeben und anbraten. Das Ei verquirlen, unter Rühren zugeben und ebenfalls etwas anbraten. Die Sojasauce, 1 EL süße Chilisauce und die Pflaumensauce zugeben und etwa 2 Minuten leicht köcheln lassen. Den Reis untermengen und die Masse etwas abkühlen lassen.

3. Den Ofen auf 180 °C vorheizen. Die Ränder der Strudelteigblätter mit Wasser bestreichen, jeweils 3 Blätter übereinander legen und das obere Blatt mit Semmelbrösel bestreuen.

4. Jeweils die Hälfte der Füllung auf dem Teig verteilen, die Ränder etwa 3 cm breit einschlagen und zu einem festen Strudelpäckchen zusammenrollen. Mit der Nahtstelle nach unten auf ein mit Backpapier ausgelegtes Ofenblech legen und nochmals leicht mit Wasser bestreichen. Für etwa 20 Minuten in den Ofen geben und goldbraun backen.

5. Den Strudel auf Tellern anrichten und mit der restlichen süßen Chilisauce servieren.

ASIATISCHER GEMÜSESTRUDEL

ZUTATEN

Für 2 Personen:
60 g Reis
1 Knoblauchzehe
1 kleine Zwiebel
100 g Petersilienwurzel
100 g Karotte
200 g Lauch
1 EL Sesamöl
1 EL Ingwer, fein gehackt
1 Ei (Klasse M)
2 EL Sojasauce
80 ml süße Chilisauce
1 EL asiatische Pflaumensauce oder Pflaumenmus
2 EL Semmelbrösel
6 Strudelteig- oder Filoteigblätter aus dem Kühlregal (ca. 24 x 30 cm)

Pro Person:
Energie: 589 kcal
Kohlenhydrate: 79,3 g
Fett: 16,9 g
Eiweiß: 18,4 g
Ballaststoffe: 8,7 g
BE: 6,5

Vorbereitungszeit:
40 Minuten

Garzeit:
30 Minuten

TIPP:
Sesamöl hat eine günstige Zusammensetzung hochwertiger Fettsäuren und enthält Inhaltsstoffe, denen eine antioxidative Wirkung zugeschrieben wird. Es sollte in dunklen Flaschen und am besten im Kühlschrank gelagert werden. So hält es etwa ein Jahr.

GRAUPENRISOTTO
MIT AUSTERNPILZEN

TIPP:

Zur Zubereitung für dieses Risotto eignet sich jede Sorte Pilze. Pilze sind ein sehr kalorienarmer Sattmacher, davon darf es auch gerne etwas mehr sein.

ZUBEREITUNG

1. Die Zwiebel schälen und fein würfeln. Die Austernpilze je nach Größe halbieren oder vierteln.

2. Das Olivenöl in einem großen Topf erhitzen und die Zwiebelwürfel darin andünsten. Die Pilze zugeben und anbraten bis sie Farbe nehmen. Die Graupen zugeben und kurz andünsten. Mit der Gemüsebrühe ablöschen und bei mittlerer Temperatur köcheln bis die Graupen weich sind aber noch leichten Biss haben. Eventuell etwas Wasser nachgießen. Mit Salz und frisch gemahlenem Pfeffer abschmecken.

3. Den Schmand und den Parmesan in den Graupenrisotto geben und kräftig unterrühren. Die Kräuter untermischen.

4. Den Graupenrisotto auf Tellern anrichten und servieren.

ZUTATEN

Für 2 Personen:
1 mittelgroße rote Zwiebel
250 g Austernpilze
1,5 EL Olivenöl
200 g Gerstengraupen / Rollgerste
600 ml Gemüsebrühe
1 EL Schmand, 20% Fett
1 EL Parmesan, frisch gerieben
1 EL Estragon, fein geschnitten
1 EL Kerbel, fein geschnitten
Salz
Pfeffer, frisch gemahlen

Pro Person:
Energie: 581 kcal
Kohlenhydrate: 76,9 g
Fett: 21,7 g
Eiweiß: 19,8 g
Ballaststoffe: 9,9 g
BE: 6,5

Vorbereitungszeit:
10 Minuten

Garzeit:
20 Minuten

ZUBEREITUNG

Den Ofen auf 180 °C vorheizen.

1. Die Linsen in kochendem Salzwasser bissfest garen. Auf ein Sieb abgießen, kalt abspülen und gut abtropfen lassen.

2. Die Kartoffeln und die Zwiebel schälen. Die Zwiebel in Streifen schneiden. Die Kartoffeln und den Kürbis grob würfeln. Das Gemüse auf einem mit Backpapier ausgelegtem Backblech verteilen und für etwa 30 Minuten im Ofen weichgaren.

3. In der Zwischenzeit das Mehl mit der Butter und dem Ricotta in einer Schüssel krümelig verkneten. 2 EL Milch nach und nach unterkneten bis ein glatter Teig entsteht. Den Teig in Frischhaltefolie wickeln und 15 Minuten im Kühlschrank ruhen lassen.

4. Eine Arbeitsfläche leicht mit Mehl bestäuben und den Teig darauf ausrollen. Eine beschichtete Quicheform (Durchmesser 22 cm) mit dem Teig auskleiden und die überstehenden Ränder abschneiden. Den Teig mit Backpapier bedecken und mit getrockneten Erbsen oder Linsen beschweren. Für 20 Minuten in den Ofen geben, nach 10 Minuten die Hülsenfrüchte und das Backpapier entfernen.

ZUTATEN

Für 2 Personen:
100 g Berglinsen oder Belugalinsen
100 g mehligkochende Kartoffeln
1 mittelgroße Zwiebel
400 g Hokaidokürbis
120 g Weizenmehl
20 g Butter, Zimmertemperatur
40 g Ricotta
120 ml Milch, 1,5% Fett
2 Eier (Kl. S)
1 EL Parmesan, frisch gerieben
10 Basilikumblätter, fein geschnitten
Salz
Pfeffer, frisch gemahlen

LINSEN-KÜRBISQUICHE

5. Die übrige Milch mit den Eiern und dem Basilikum kräftig verrühren. Das Ofengemüse und die Linsen auf dem Teigboden verteilen und mit Salz und Pfeffer würzen Die Eiermasse darübergießen und mit dem Parmesan bestreuen. Die Quiche für etwa 50 Minuten im Ofen backen.

6. Die Quiche 5 Minuten auskühlen lassen, in Stücke schneiden und servieren.

TIPP:
Diese Quiche lässt sich mit allerlei Gemüse oder Pilzen zubereiten – lassen Sie Ihrer Fantasie freien Lauf.

Pro Person:
Energie: 603 kcal
Kohlenhydrate: 76,8 g
Fett: 18,5 g
Eiweiß: 31,2 g
Ballaststoffe: 11,1 g
BE: 6,5

Vorbereitungszeit:
45 Minuten

Garzeit:
70 Minuten

Für 2 Personen:
150 g geschroteter Grünkern
200 g Lauch
1 Ei (Kl. M)
2 EL Vollkornmehl
1 EL Petersilie, fein gehackt
300 g frischer Rotkohl
200 g junge Karotten
100 ml Gemüsebrühe
1 EL Weißweinessig
1 TL Zucker
1 TL Currypulver
1 EL Olivenöl
Salz
Pfeffer, frisch gemahlen

Pro Person:
Energie: 537 kcal
Kohlenhydrate: 76,5 g
Fett: 16,9 g
Eiweiß: 18,2 g
Ballaststoffe: 18 g
BE: 6,5

Vorbereitungszeit:
15 Minuten

Garzeit:
20 Minuten

TIPP:

Grünkern gehört zur Weizenfamilie und hat ein unverwechselbares, herzhaft-würziges Aroma. Für eine knusprige Variante wenden Sie die Bratlinge vor dem Anbraten in Sesamsamen.

GRÜNKERN-BRATLINGE
MIT KAROTTEN-ROTKOHLSALAT

ZUBEREITUNG

1. Den Lauch putzen, der Länge nach halbieren und in sehr feine Streifen schneiden. Den Grünkern und die Hälfte des Lauchs mit 250 ml Wasser in einen Topf geben und aufkochen. Vom Herd nehmen und etwa 20 Minuten quellen lassen. Dann in eine große Schüssel geben und abkühlen lassen.

2. Das Ei und das Vollkornmehl zum Grünkern geben und die gehackte Petersilie untermischen und mit Salz und Pfeffer würzen. Aus der Masse gleichgroße Bratlinge formen.

3. Für den Karotten-Rotkohlsalat die Karotten schälen. Die Karotten und den Rotkohl in feine Streifen schneiden oder raspeln und in eine Schüssel geben. Die Gemüsebrühe mit dem übrigen Lauch kurz aufkochen. Den Weißweinessig, den Zucker und das Currypulver unterrühren. Mit Salz und Pfeffer würzen und über den Salat geben.

4. Das Olivenöl in einer Pfanne erhitzen und die Bratlinge darin bei mittlerer Temperatur von jeder Seite etwa 5 Minuten anbraten.

5. Die Bratlinge mit dem Rohkostsalat auf Tellern anrichten und servieren.

1. Die Zwiebel schälen, halbieren und fein würfeln. Die Gemüsebrühe aufkochen.

2. Das Olivenöl in einem Topf erhitzen und die Zwiebelwürfel darin glasig andünsten. Den Risottoreis zugeben und kurz mitdünsten. Mit der heißen Gemüsebrühe ablöschen und unter regelmäßigem Rühren etwa 20 Minuten bei mittlerer Temperatur köcheln. Falls die Flüssigkeit schon fast verkocht ist, der Reis aber noch zu viel Biss hat, noch etwas zusätzliche Gemüsebrühe zugießen. Das Risotto sollte von cremiger Konsistenz sein, nicht zu fest und nicht zu flüssig,

3. In der Zwischenzeit den Rucola etwas klein schneiden und mit der Petersilie, der Zitronenschale und dem Zitronensaft unter das fertig gegarte Risotto mengen. Mit etwas Pfeffer würzen.

4. Zuletzt den Parmesan kräftig unterrühren, das Risotto in tiefen Tellern anrichten und sofort servieren.

RUCOLA-ZITRONEN-RISOTTO

ZUTATEN

Für 2 Personen:
1 mittelgroße Zwiebel
400 ml Gemüsebrühe
1 EL Olivenöl
200 g Risottoreis
1 Bund Rucola
½ Zitrone, Saft und abgeriebene Schale
2 EL Petersilie, fein gehackt
50 g Parmesan, frisch gerieben
Pfeffer, frisch gemahlen

Pro Person:
Energie: 575 kcal
Kohlenhydrate: 80,3 g
Fett: 19,5 g
Eiweiß: 19,3 g
Ballaststoffe: 3,9 g
BE: 6,5

Vorbereitungszeit:
15 Minuten

Garzeit:
20 Minuten

Für 2 Personen:
700 g kleine festkochende Kartoffeln
(Drillinge oder zur Saison Neue Kartoffeln)
1 mittelgroße Zwiebel
2 Knoblauchzehen
200 g Zucchini
200 g gelbe Paprika
300 g Brokkoliröschen
1 EL Olivenöl
2 Thymianzweige
250 ml Tomaten gewürfelt, Konserve
80 g Feta
Salz
Pfeffer, frisch gemahlen

Pro Person:
Energie: 601 kcal
Kohlenhydrate: 78,6 g
Fett: 19,3 g
Eiweiß: 24,3 g
Ballaststoffe: 20 g
BE: 6,5

Vorbereitungszeit:
25 Minuten

Garzeit:
20 Minuten

MEDITERRANE
OFENKARTOFFELN
MIT GEMÜSE

ZUBEREITUNG

Den Ofen auf 180 °C vorheizen.

1. Die Kartoffeln halbieren, auf ein mit Backpapier ausgelegtes Ofenblech setzen, mit etwas Salz würzen und mit dem zerbröselten Feta bestreuen. Für etwa 20 Minuten in den Ofen geben und goldbraun backen.

2. In der Zwischenzeit die Zwiebel und den Knoblauch schälen. Die Zwiebel in feine Streifen schneiden und den Knoblauch fein hacken. Die Zucchini putzen und in dünne Scheiben schneiden. Die Paprika vierteln und vom Stiel, den Kernen und den weißen Häuten befreien. Die Paprikaviertel in feine Streifen schneiden. Den Brokkoli in reichlich Salzwasser bissfest garen, auf ein Sieb abgießen und abtropfen lassen.

3. Das Olivenöl in einer Pfanne erhitzen, die Zwiebelstreifen und die Paprikastreifen hineingeben und kurz anbraten. Die Zucchinischeiben, die Thymianzweige und die gewürfelten Tomaten zugeben. Etwa 5 Minuten köcheln lassen, nach 3 Minuten den Brokkoli zugeben. Mit Salz und Pfeffer würzen.

4. Die Ofenkartoffeln mit dem Gemüse auf Tellern anrichten.

VEGETARISCHE LASAGNE

ZUBEREITUNG

Den Ofen auf 180 °C vorheizen.

1. Die Linsen in einen Topf geben und mit den Tomaten, dem Tomatenmark, der Gewürzmischung, etwas Salz und 100 ml Wasser verrühren. Alles aufkochen und bei mittlerer Temperatur etwa 25 Minuten köcheln lassen.

2. In der Zwischenzeit die Zwiebel und die Knoblauchzehe schälen. Die Zwiebel fein würfeln und die Knoblauchzehe fein hacken. Die Paprika von Stiel und Kernen befreien und ebenfalls fein würfeln. Den Lauch putzen, der Länge nach halbieren und in feine Streifen schneiden. Den Staudensellerie in sehr dünne Scheiben schneiden.

3. Das Olivenöl in einer Pfanne erhitzen, Zwiebel und Knoblauch zugeben und andünsten. Das Gemüse zugeben, kräftig anbraten und zu den fertig gegarten Linsen geben.

4. Für die Bechamelsauce die Milch in einem Topf zum Kochen bringen. Die Speisestärke mit 2 EL Wasser anrühren und in die kochende Milch einrühren. Unter Rühren etwa 3 Minuten köcheln lassen. Mit Muskatnuss, Salz und Pfeffer abschmecken.

5. Den Ricotta mit 3 EL Wasser cremig anrühren. Den Boden einer kleinen, rechteckigen Auflaufform mit zwei Lasagneblättern auslegen, ein Drittel der Tomaten-Linsen darauf verteilen, wieder mit zwei Lasagneblättern bedecken und ein weiteres Drittel der Tomaten-Linsen darauf verteilen. Darauf den Ricotta verstreichen und die Schicht wieder mit zwei Lasagneblätter bedecken. Mit den übrigen Tomaten-Linsen bedecken, diese mit der Bechamelsauce bestreichen und den geriebenen Mozzarella darüber streuen. Für etwa 35 Minuten in den vorgeheizten Ofen geben.

6. Die fertige Lasagne aus dem Ofen nehmen und sofort servieren.

ZUTATEN

Für 2 Personen:
60 g braune Linsen
300 g Tomaten gewürfelt, Konserve
1 EL Tomatenmark
1 TL italienische Gewürzmischung
1 mittelgroße Zwiebel
1 Knoblauchzehe
150 g rote Paprika
150 g Lauch
1 Stange Staudensellerie
1 EL Speisestärke
250 ml Milch, 1,5% Fett
80 g Ricotta
50 g Mozzarella, gerieben
6 Lasagneblätter, vorgekocht
1 EL Olivenöl
Muskatnuss, frisch gerieben
Salz
Pfeffer, frisch gemahlen

Pro Person:
Energie: 595 kcal
Kohlenhydrate: 69,9 g
Fett: 20,5 g
Eiweiß: 30,5 g
Ballaststoffe: 11,1 g
BE: 6

Vorbereitungszeit:
30 Minuten

Garzeit:
70 Minuten

TIPP:

Verwenden Sie für dieses Rezept die kleinen aromastarken Berglinsen, diese sind besonders nussig im Geschmack. Wer Kalorien sparen möchte, verzichtet auf den Ricotta und ersetzt diesen mit der gleichen Menge Bechamelsauce.

Für 2 Personen:
500 g mehligkochende Pellkartoffeln,
bereits am Vortag kochen
125 g Mehl
1 Ei, (Kl. M)
200 g Kirschtomaten
100 g Rucola
1,5 EL Olivenöl
Muskatnuss, frisch gerieben
Salz
Pfeffer, frisch gemahlen

Pro Person:
Energie: 590 kcal
Kohlenhydrate: 84,2 g
Fett: 19,5 g
Eiweiß: 17,9 g
Ballaststoffe: 9,9 g
BE: 7

Vorbereitungszeit:
15 Minuten

Garzeit:
20 Minuten

KARTOFFELGNOCCHI
MIT OFENTOMATEN UND RUCOLA

TIPP:

Wem die Zubereitung der Gnocchi zu aufwendig ist, kann auch 400 g fertige Gnocchi verwenden.

ZUBEREITUNG

Den Ofen auf 180 °C vorheizen.

1. Die Pellkartoffeln schälen und durch die Kartoffelpresse in eine Schüssel drücken oder fein stampfen. Mit Muskatnuss und Salz würzen. Das Mehl und das Ei unterarbeiten und zu einem glatten Teig verkneten.

2. Den Teig auf einer leicht bemehlten Arbeitsfläche zu einer Rolle mit etwa 2 cm Durchmesser formen. Etwa 3 cm lange Gnocchi von der Rolle schneiden und diese mit den Zacken einer Gabel leicht andrücken so dass ein gerilltes Muster entsteht.

3. In einem großen Topf reichlich Salzwasser zum Kochen bringen. Die Gnocchi hineingeben und die Temperatur sofort auf ein Minimum reduzieren. Die Gnocchi im siedenden Wasser garen bis sie an der Oberfläche schwimmen. Mit einer Schaumkelle herausheben und in einer Schüssel mit kaltem Wasser abschrecken.

4. Die Kirschtomaten in eine ofenfeste Form legen und für etwa 10 Minuten in den Ofen geben.

5. Das Olivenöl in einer beschichteten Pfanne erhitzen, die Gnocchi und den Rucola zugeben und kurz schwenken. Die Gnocchi mit dem Rucola auf Tellern anrichten. Die Kirschtomaten mit Salz und Pfeffer würzen und darauf verteilen.

Für 2 Personen:
600 g große Kartoffeln, geschält
2 EL Rapsöl
150 g Champignons
150 g Lauch
80 ml Kochsahne, 10% Fett
Einige Spritzer Zitronensaft
1 EL Schnittlauch, fein geschnitten
Salz
Pfeffer, frisch gemahlen

Pro Person:
Energie: 538 kcal
Kohlenhydrate: 72,5 g
Fett: 19,8 g
Eiweiß: 14,9 g
Ballaststoffe: 14,2 g
BE: 6

Vorbereitungszeit:
25 Minuten

Garzeit:
28 Minuten

TIPP:
Zur Zubereitung der Rösti eignen sich festkochende genauso wie mehligkochende Kartoffeln. Mehligkochende Kartoffeln halten die Rösti allerdings durch ihren höheren Stärkegehalt besser zusammen.

KARTOFFELRÖSTI
MIT LAUCH-CHAMPIGNONS

ZUBEREITUNG

Den Ofen auf 180 °C vorheizen.

1. Die Kartoffeln auf einer Reibe grob raspeln. Die Kartoffelraspel nach und nach auf ein Küchentuch geben, die Enden zusammenfalten und die Flüssigkeit aus den Kartoffeln pressen. In eine Schüssel geben und mit Salz und Pfeffer würzen.

2. Die Hälfte des Öls in einer Pfanne erhitzen, die Kartoffeln hineingeben und fest zusammendrücken. Bei mittlerer Temperatur langsam goldbraun anbraten. Einen Teller auf die Pfanne legen und die Rösti darauf stürzen. Das übrige Öl in der Pfanne erhitzen und die Rösti wieder hineingleiten lassen. Auch diese Seite goldbraun anbraten. Die Rösti für 8 Minuten in den Ofen geben.

3. Die Champignons je nach Größe vierteln oder achteln. Den Lauch putzen und in Streifen schneiden. Die Kochsahne in einem Topf erhitzen, die Champignons zugeben, mit etwas Salz würzen und etwa 5 Minuten köcheln lassen. Den Lauch zugeben und weitere 5 Minuten köcheln lassen. Mit etwas Zitronensaft, Salz und Pfeffer abschmecken.

4. Die Rösti in Ecken schneiden und mit den Lauch-Champignons servieren.

ZUBEREITUNG

1. Die Linsen in kochendem Salzwasser bissfest garen, auf ein Sieb abgießen und abtropfen lassen.

2. In der Zwischenzeit die Steckrüben, die Karotten, die Petersilienwurzeln und die Kartoffeln schälen und in etwa 2 cm große Würfel schneiden.

3. Die Zwiebel schälen und in Würfel schneiden. Das Rapsöl in einem großen Topf erhitzen und die Zwiebelwürfel darin andünsten. Mit dem Currypulver bestäuben, das Tomatenmark zugeben und unter Rühren etwas anrösten. Mit der Gemüsebrühe ablöschen und aufkochen. Das gewürfelte Gemüse zugeben und bei mittlerer Temperatur etwa 15 Minuten köcheln lassen.

4. Die gekochten Linsen zugeben und die Kokosmilch unterrühren. Nochmals kurz aufkochen.

5. In Schalen anrichten. Die Korianderblättchen von den Zweigen zupfen, darüber streuen und servieren.

ZUTATEN

Für 2 Personen:
150 g Berglinsen oder Belugalinsen
300 g Steckrüben
100 g Karotten
100 g Petersilienwurzeln
300 g Kartoffeln, festkochend
1 mittelgroße Zwiebel
1 EL Rapsöl
2 TL Currypulver
1 EL Tomatenmark
600 ml Gemüsebrühe
100 ml Kokosmilch
Salz
4 Zweige Koriander

RÜBCHENCURRY
MIT BERGLINSEN

Pro Person:
Energie: 574 kcal
Kohlenhydrate: 77,8 g
Fett: 16,8 g
Eiweiß: 29 g
Ballaststoffe: 19,9 g
BE: 6,5

Vorbereitungszeit:
20 Minuten

Garzeit:
35 Minuten

Für 2 Personen:
120 g Magerquark
2 Eier, (Kl. M)
200 g Weizenmehl
1 mittelgroße Zwiebel
300 g Hokaidokürbis
300 g Lauch
1 EL Olivenöl
50 g Emmentaler, gerieben
Muskatnuss, frisch gerieben
Salz
Pfeffer, frisch gemahlen

Außerdem:
Spätzlepresse*

Pro Person:
Energie: 601 kcal
Kohlenhydrate: 70,4 g
Fett: 20,7 g
Eiweiß: 32,3 g
Ballaststoffe: 8,7 g
BE: 6

Vorbereitungszeit:
35 Minuten

Garzeit:
30 Minuten

TIPP:

Einige Kalorien lassen sich sparen, wenn Sie anstatt des Käses 2 EL Schmand über den Spätzle verteilen. Wem die Herstellung der Spätzle zu aufwendig ist, der kann für dieses Rezept 200 g Spätzle aus dem Kühlregal verwenden.

*alternativ: Kartoffelpresse, Spätzleschaber

ZUBEREITUNG

1. Den Magerquark, die Eier, 50 ml Wasser und ½ TL Salz in eine Schüssel geben und verrühren. Das Mehl mit einem Kochlöffel unterarbeiten und die Masse zu einem glatten Teig verarbeiten. Den Quarkspätzleteig etwa 20 Minuten ruhen lassen.

2. Den Backofen auf 160 °C vorheizen.

3. In der Zwischenzeit die Zwiebel schälen und in feine Ringe schneiden. Den Kürbis in etwa 2 cm große Würfel schneiden. Den Lauch putzen, in Ringe schneiden und in kochendem Salzwasser 5 Minuten garen. Auf ein Sieb abgießen und mit kaltem Wasser abspülen.

4. In einem großen Topf reichlich Salzwasser aufkochen. Den Teig mit Hilfe einer Spätzlepresse portionsweise ins Wasser drücken. Wenn die Spätzle an der Oberfläche schwimmen mit Hilfe einer Schaumkelle aus dem Topf heben und in einer Schüssel mit kaltem Wasser abschrecken.

5. Das Olivenöl in einer Pfanne erhitzen und die Zwiebel darin andünsten, den Kürbis zugeben und kurz anbraten.

6. Die Quarkspätzle mit dem Lauch und der Zwiebel-Kürbismischung vermengen. Mit Muskatnuss, Salz und Pfeffer würzen. Dann die Spätzle in eine ofenfeste Form füllen, mit dem geriebenen Emmentaler bestreuen und mit Alufolie abdecken. Für etwa 20 Minuten in den vorgeheizten Ofen geben.

7. Die Quarkspätzle auf Tellern anrichten und servieren.

GRATINIERTE
QUARKSPÄTZLE

Für 2 Personen:
220 g Vollkorn-Spaghetti
200 g Karotten
100 g Fenchelknolle
1 Stange Staudensellerie
60 g Grüne Bohnen
100 g Kirschtomaten
1 Knoblauchzehe
1 TL Fenchelsamen
½ Bund Basilikum
2 EL Olivenöl
Salz
Pfeffer, frisch gemahlen

Pro Person:
Energie: 561 kcal
Kohlenhydrate: 75,1 g
Fett: 20,1 g
Eiweiß: 17,9 g
Ballaststoffe: 19,3 g
BE: 6,5

Vorbereitungszeit:
25 Minuten

Garzeit:
30 Minuten

GEMÜSESPAGHETTI
IM PAPIER GEGART

TIPP:
Olivenöl bewahren Sie am besten in der Original-flasche luftdicht verschlos-sen, an einem dunklen und kühlen Ort (z.B. im Kühlschrank) auf. Bei Temperaturen über 25 °C verdirbt es rasch.

ZUBEREITUNG

Den Backofen auf 200 °C vorheizen.

1. Die Vollkorn-Spaghetti 9 Minuten in kochendem Salzwasser garen. Auf ein Sieb abgießen und abtropfen lassen.

2. In der Zwischenzeit die Karotten schälen. Die Fenchelknolle und die Selleriestange putzen. Das Gemüse dann in etwa 1 cm große Würfel schneiden. Die Bohnen putzen und in 1 cm lange Stücke schneiden. Die Kirschtomaten halbieren. Die Knoblauchzehe schä-len und fein hacken. Die Basilikumblätter von den Zweigen zup-fen.

3. Die Karotten, den Fenchel, den Sellerie und die Bohnen in koch-endem Salzwasser 3 Minuten garen, auf ein Sieb abgießen und mit kaltem Wasser abspülen.

4. Die Spaghetti mit den Gemüsewürfeln, den Kirschtomaten, den Bohnen, dem gehackten Knoblauch, den Fenchelsamen, den Ba-silikumblättern und dem Olivenöl vermengen, pfeffern und salzen. Mittig auf zwei Bögen Backpapier verteilen. Die Bögen zusam-menfalten und verschließen, hierzu die Ränder kräftig falzen. Im vorgeheizten Backofen etwa 15 Minuten garen.

5. Die Päckchen aus dem Ofen nehmen, auf Teller setzen und ser-vieren. Beim Öffnen verströmen sie einen sehr aromatischen Duft.

INHALTSVERZEICHNIS

„Kleine Übersetzungshilfe"

DEUTSCHLAND	SCHWEIZ
Paprika/-schote	Peperoni
Hähnchenoberkeule	Pouletschenkel
Gemüsebrühe	Gemüsebouillon
Putenfleisch	Truthahnfleisch
Kochsahne	Halb- und Vollrahm
Schmand	Saucen(halb-)rahm
Zucchini	Zucchetti
Semmelbrösel	Paniermehl
Saure Sahne	Crème fraiche
Karotte	Rüebli
Pellkartoffeln	Gschwellti
Rucola	Ruccola
Brokkoli	Broccoli
Garnelen	Crevetten
Kirschtomaten	Cherrytomaten
Rote Bete	Randen
Rotkohl	Rotkabis
Gerstengraupen	Rollgerste
Magronen	Maccheroni
Weißkohl	Weisskabis

Die Broteinheiten sind nach deutschem Standard berechnet (1 BE = 12 g Kohlenhydrate). In der Schweiz wird eine Broteinheit mit 10 g Kohlenhydraten bemessen. Dafür die angegebene Kohlenhydratmenge durch die Zahl 10 teilen.

IMPRESSUM

Projektleitung: PreCon GmbH & Co. KG, Ines Wagner, Sonja Blöchlinger
Konzept und Foodfotografie: Michael Brauner, Karlsruhe
Rezeptentwicklung und Foodstyling: Guido Gravelius, Karlsruhe
Konzept und Grafikdesign: Rolf Kampmann, Ettlingen
Litho: Hans-Peter Henzl, Jockgrim
Druck: Stober GmbH, Eggenstein

PreCon GmbH & Co. KG – Sitz Darmstadt – Amtsgericht Darmstadt, HRA 6580, persönlich haftend:
PreCon Deutschland Beteiligungs GmbH – Sitz Darmstadt – Amtsgericht Darmstadt, HRB 7389
Geschäftsführer: Herbert Kaffenberger – USt-IdNr. DE 204 157 911

ISBN 978-3-00-042001-6
Artikelnummer 338, Stand 06/2015

Unterstützung für Ihre Mahlzeit unterwegs
Der Precon Tellercheck

Es gibt verschiedene Situationen (z.B. Buffet im Hotel, Kantine), in denen die Zusammenstellung der täglichen Mahlzeit eine kleine Herausforderung ist. Mit dem Precon Tellercheck gelingt Ihnen die Zusammenstellung der Mahlzeiten einfacher – ganz ohne Abwiegen und ohne Kalorienzählen.

DIE HÄLFTE DES TELLERS: Gemüse, Obst, Salat

EIN VIERTEL DES TELLERS: Getreideprodukte, Kartoffeln, Nudeln, Reis, Hülsenfrüchte

ZUM VERVOLLSTÄNDIGEN: Fette, Öle (1,5 bis 2 Esslöffel genügen)

EIN VIERTEL DES TELLERS: Fisch, Fleisch, Milchprodukte, Tofu, Ei